非暴力亲子沟通

刘慧滢／编著

吉林文史出版社
JILIN WENSHI CHUBANSHE

图书在版编目（CIP）数据

非暴力亲子沟通 / 刘慧滢编著 . -- 长春 : 吉林文史出版社，2023.5

ISBN 978-7-5472-9163-4

Ⅰ . ①非… Ⅱ . ①刘… Ⅲ . ①家庭教育 Ⅳ . ① G78

中国版本图书馆 CIP 数据核字 (2022) 第 196915 号

非暴力亲子沟通

FEI BAOLI QINZI GOUTONG

编　　著　刘慧滢
出 版 人　张　强
责任编辑　宋昀浠
封面设计　郑金霞
出版发行　吉林文史出版社
地　　址　长春市净月区福祉大路 5788 号出版大厦
印　　刷　天津海德伟业印务有限公司
开　　本　640mm × 910mm　　1/16
印　　张　12
字　　数　148 千
版　　次　2023 年 5 月第 1 版
印　　次　2023 年 5 月第 1 次印刷
书　　号　ISBN 978-7-5472-9163-4
定　　价　69.00 元

前言 PREFACE

每一位父母，在孩子成长过程中几乎都会面临这样一个问题：如何与孩子沟通，才能让孩子更乐意接受自己的观点或建议。

这个问题看似平常，实际上却是困扰许多父母的棘手难题，也是导致一系列亲子矛盾冲突的症结所在。

在很多家庭当中，父母与孩子的沟通方式往往都是这样的：

“你怎么这么不听话？”

“你就知道玩儿，一点儿也不知道好好学习，真让我操心！”

“你再这么不懂事，我就把你的玩具没收！”

“你怎么这么没用，这点儿小事都做不好！”

“你看看人家 ××，学习成绩那么好，再看看你！”

……

这些话语听起来是不是非常耳熟？相信这些充满了指责、威胁、批评、命令、否定、比较等的沟通方式，在绝大多数家庭当中都曾经存在过，或者现在仍然存在。但是，在这些暴力沟通的方式之下，孩子不仅没有因此而变得优秀，反而变得自卑、懦弱、暴躁、缺乏安全感……与父母的关系也越来越糟糕，有些孩子甚至会做出一些极端行为来。

相信每一位父母在与孩子进行对话时，都希望孩子变得越来越好，但很显然，以上这些暴力的沟通方式是不可能实现这个美好的期望的。

那么，我们该怎么办呢?

我们还有更好的选择，那就是：与孩子之间实现非暴力沟通。有一位教育专家曾经说过：世界上最好的家庭教育，就在父母与孩子的对话中。再科学的教育理念，再有效的管理方法，都必须通过亲子之间的对话、交流、沟通来实施和实现。因此，父母一定要远离那些充满暴力的无效沟通，停止对孩子的言语伤害，学着去改变自己面对孩子的态度，能够站在孩子的角度，去理解孩子的想法和感受，用孩子能够接受的话语与其沟通。哪怕孩子真的犯了错，也先耐心地去寻找问题背后的原因，继而给予孩子正确的引导。在必要的时候，我们还可以为孩子制定相应的规矩，帮助孩子更好地约束自己的言行，从而重构与孩子之间的亲子关系，让孩子感受到父母的爱、理解、坦诚、尊重与接纳，真正赋予孩子成长的力量。

本书结合当下诸多先进的教育理论与理念，以大量的事实、案例再现情景，分析探讨了父母与孩子沟通时的诸多问题，让每一位父母都能从中看到自己与孩子的影子，进而了解哪些沟通方式伤害到了孩子，以及如何与孩子建立有效的联结，才能实现真正的非暴力沟通。

希望广大父母们通过阅读这本书，可以拥有一把打开心灵的钥匙，摈弃曾经伤害孩子的语言类型和沟通方式，学会带着爱、理解和尊重面对孩子，成为孩子心中最好的父母。

目录 CONTENTS

第一章　言语伤害：那些充满暴力的无效沟通 / 001

打骂，让孩子丧失安全感 / 002

指责，终会让孩子自暴自弃 / 006

揭短，孩子不要面子吗 / 009

比较，孩子心底最不愿接受的事 / 013

贴标签，孩子一定会“如你所愿” / 017

唠叨，只会让孩子越来越烦 / 022

否定，孩子会形成自卑人格 / 025

第二章　改变态度：因为彼此有爱，所以更要好好沟通 / 030

倾听，沟通之前，先耐心听听孩子怎么说 / 031

信任，好好说话源于对彼此的信任 / 035

欣赏，看到孩子的优点和长处 / 040

尊重，放下你的高姿态，孩子更容易接受 / 045

坦诚，开放的沟通才更有效 / 050

接纳，真正能与孩子感同身受 / 054
合作，修复关系，让彼此都能好好说话 / 058

第三章　善于共情：比讲道理更有效的沟通方法 / 063
共情不是同意、附和，而是懂得孩子 / 064
孩子最期待来自父母的心灵感应 / 068
理解孩子的感受，同时分享自己的感受 / 073
减少说教，允许孩子为自己辩解 / 077
给予闹情绪的孩子以理解和帮助 / 082
感同身受地向孩子道歉 / 086

第四章　有效批评：了解孩子的心理特征，破解孩子的怪异言行 / 091
孩子出现不良言行，粗暴制止没效果 / 092
没有充满操控的沟通，就没有叛逆的孩子 / 097
孩子拒不认错，父母怎么说更有效 / 101
温和的讨论代替严厉的斥责 / 106
有效批评和适当鼓励，帮助孩子提升能力 / 111
用建设性的批评代替破坏性的批评 / 115
巧妙地拒绝孩子的无理要求 / 120

第五章　订立规矩：父母会说话，孩子才更愿意遵守规矩 / 125
规矩不是为了控制孩子，而是为了赢得合作 / 126
先沟通情绪，再沟通规矩 / 131

规矩不能只针对一时一事 / 135

给孩子立规矩从来不是“单选题” / 140

减少无效命令，多给实际建议 / 144

有规矩，就要有惩罚 / 149

别忘了表扬和奖励守规矩的孩子 / 153

第六章　重构关系：远离暴力式沟通，让沟通更有效 / 158

没有孩子能被说服，除非他自己愿意 / 159

向孩子敞开心扉，让孩子了解父母 / 163

适当距离适量爱，才能与孩子相处融洽 / 167

凡事多与孩子商量，让孩子自己做选择 / 171

学会交换立场，用“利他思维”与孩子沟通 / 175

做好自我管理，为彼此沟通注入“强心剂” / 179

第一章

言语伤害：那些充满暴力的无效沟通

有人说，如果把为人父母看成是一种职业的话，那这将是世界上最难从事的职业。在为人父母之前，没有人会教他们如何做个好父母，也没有人教他们怎样与孩子沟通。于是我们看到，很多父母与孩子沟通时都充满了言语伤害，缺乏对孩子起码的尊重。经常以这种方式对待孩子，其结果要么让孩子变得胆小、畏缩，要么影响亲子关系，使孩子对父母产生反感、敌意，既达不到教育的效果，又会造成亲子间的疏离。

打骂，让孩子丧失安全感

父母的一句话，可能会对孩子的一生产生巨大影响。不可否认，父母都是爱孩子的，也都在孩子身上寄予了厚望，希望孩子聪明、懂事、成绩好、有出息，但孩子因为年纪小、缺乏自控力，往往会表现出很多与父母期望相悖的状态，如淘气、撒谎、说脏话、不讲卫生、学习成绩不好……

每当遇到这些情况，一些父母就会觉得很气愤，于是开始责备甚至打骂孩子，希望能通过这种方式让孩子记住教训，改正缺点。殊不知，这样教育的结果不仅不能让孩子改掉毛病，反而还可能会严重伤害孩子的心灵。

在论坛上有这样一个问题：父母的打骂对你的人生产生了怎样的影响？

有个从小被父母打骂过的网友回忆道："我现在25岁了，但一想到小时候被妈妈打的情景，心里就感觉被塞得满满的。整个小学阶段，我被妈妈打骂过无数次，我现在仍然记得她当着我们全班同学的面打骂我……她经常用恶毒的话语把我贬得一文不值。我现在不自信、缺乏安全感，可能与这些经历有关吧！"

我们能说这样的父母不负责吗？不能，因为他们都希望孩子学习好、有上进心，但很显然，他们用错了教育方式，经常用打骂的方式与孩子沟通，比如用下面的语言：

“看看你的衣服脏得，真是让人讨厌！”

“一天天游手好闲，不爱学习，我怎么会有你这么没出息的孩子啊！”

“你怎么这么不争气，我从没见过你这么坏的孩子！”

“你除了说脏话，就不会说别的话吗？”

“这么小的年纪，竟然学会撒谎了，你真是没救了！”

……

相信很多打骂孩子的父母，都会或多或少地说过类似的话吧？但是，你的孩子因此就变得懂事、优秀了吗？

恰恰相反，孩子并不会因此而觉得父母说这些话的初衷是为自己好，他们会认为父母这是不够爱自己，是嫌弃自己，所以才会用这种不好的方式对待自己。这种模式一再强化，孩子就会一直觉得自己不够好、不值得被爱，内心逐渐丧失安全感。而随着年龄的增长，他们也会变得越来越懦弱、胆怯、不自信，想依赖别人，渴望被人关爱，却又不信任别人，怕遭到别人嫌弃。

心理学家通过研究指出，童年时期过度消沉，生活缺乏光彩的孩子，长大后患抑郁症的概率更大。可见，这种暴力式的沟通给孩子带来的伤害多么大，甚至让他们的一生都陷入痛苦、无助的状态之中。

事实上，即使是缺点再多、表现再糟糕的孩子，也会有自己的优点和长处。并且，儿童心理学家经过无数次的实验与观察发现：孩子总会在无意识中按照大人的评价来调整自己的行为，如果父母经常夸赞和奖赏他们的优点和表现好的地方，他们就会想要表现更好，以此博得父母更多的夸赞和奖赏。相反，如果你只看到他们的缺点，并且经常打骂孩子，希望用这样的方式让孩子改掉缺点，结果只会适得其反，孩子可能因为你的打骂而“被迫”弱化了某个缺点，也可能会在其他方面表现出问题。

每个孩子身上都有自己了不起的地方，关键就在于父母用什么样的态度与孩子沟通。比如，有的孩子喜欢破坏东西，父母可能就会责骂孩子：

“你看你，又把东西弄坏了，从来不知道爱护东西！”

“你怎么又把东西弄坏？你不知道这都是花钱买来的吗？真是个败家子！”

如果换个方式沟通，如：

“你的动手能力很强，这件东西现在虽然坏掉了，但我相信你可以自己把它修好，试一试怎么样？”

有的孩子爱打人，父母看到了，可能会这样责骂孩子：

“你怎么又打人？昨天为什么挨打不记得了吗？今天还打人！”

“你怎么这么不长记性？跟你说过多少次了，让你不要打人！”

换个方式沟通的话，不妨这样说：

“你这样做，是因为你想跟他做朋友吗？如果是，你应该轻轻地拉拉他的手。”

“被你打了的小朋友一定很伤心，如果是你被打了，你会不会伤心呢？”

可见，看问题的着眼点不同，得出的结论就会不同，与孩子沟通的方式也会有所不同。当我们透过孩子的缺点寻找到孩子的优点后，再用肯定优点的沟通方式去与孩子沟通，就能间接地纠正孩子的缺点，逐渐将他们引导到积极上进的道路上来。也只有通过这样的沟通，孩子才能更好地调整自己的行为，向着父母期望的方向发展，并且内心也能更有安全感和归属感。

指责，终会让孩子自暴自弃

父母是孩子的第一位老师，父母的言行对孩子的影响要比老师和其他人更多，然而有些父母在与孩子沟通时，可能会有意无意地说一些指责孩子的话语，给孩子的心灵造成伤害。

2020年5月，江西省赣州市某小区一个11岁的男孩，因为无法继续忍受妈妈的指责和暴躁，竟然站在高楼的护栏外面，想要跳楼自杀。幸亏民警及时发现，才将男孩救了下来。

原来，男孩的爸爸不幸患上了癌症，家里的重担全都落在妈妈一个人身上。妈妈虽然坚强，但长期的辛苦也令她不堪重负，因此经常被焦虑、暴躁的情绪所充斥。无处发泄的妈妈，只有将情绪发泄到孩子身上，对孩子进行各种指责。男孩由此便认为自己就是妈妈的负担，觉得只要自己死了，妈妈就能减轻些负担，不用那么辛苦了。

我们不知道，当男孩的妈妈看到这一幕，她会有何感想，会不会后悔自己曾经对孩子的言语伤害？

心理学家指出，帮助孩子树立正面的自我意向，是让孩子形成健康人格、良好行为的前提；而毁坏孩子在他们自己心目中的形象，是导致孩子自暴自弃、走向歧路的重要原因。这就像我们经常说的那句俗语

“说你行，你就行，不行也行；说你不行，就不行，行也不行”，其原因就是孩子长时间受到这些言语的影响，心理上形成了正面或负面的自我意向。久而久之，这些就会固化为他们的行为特点。

所以，父母无意中的一句话，可能会对孩子产生巨大的负面影响。我们经常听到一些父母指责孩子：

“你怎么这么笨！”

“你这脑子真是不灵活！”

“你真是没用，这都做不好！”

“你就是故意跟我作对吧？”

“你怎么学习这么差，你就不是学习的料！”

“你太粗心了，这样的题目都会算错！”

……

这些话，父母脱口而出时，可能觉得自己心里痛快了，殊不知，你们这样恰恰是把不痛快转移给了孩子，让孩子的心里变得不痛快了。

实际上，父母都很清楚，孩子并非完美无缺，他在成长过程中也需要不断学习和领悟。在这个过程中，孩子难免会犯错。然而，一些父母却总喜欢将问题放大，一旦发现孩子有不尽如人意的地方，就会指责孩子。殊不知，你的指责会令孩子陷入大量的负面暗示里。久而久之，他们真的认为自己天生就笨、没用、不是学习的料……甚至由此认定自己就是个一事无成的失败者。如果孩子在内心给自己贴上一个失败者的标签，自己先否定了自己，那么他未来也一定会成为一个失败者。在面对问题时，他也会放任自流，不想通过自己的努力去纠正、解决问题，反而让问题像滚雪球一样，越滚越大，最终完全压垮自己。

儿童心理学家表示，一个充满自信的孩子，他的思维永远是活跃的，而那些缺乏自信的孩子，却总会在无意识中让自己的头脑变得闭塞、僵化。因此，父母千万不要动不动就指责孩子，说孩子“你真笨”“真没用”等话语，不仅会伤害孩子的心灵，还会束缚孩子的大脑。

著名青少年心理学教授李玫瑾曾经说过，父母在养育孩子过程中，一定要多点耐心，少发脾气，少一些指责。其实，孩子与大人一样，既有属于自己的优缺点，也有属于自己的个性，同时他们也会思考自己的个性，思考自己存在的价值，如果父母经常对孩子的言行进行指责，就可能影响他们的自我评价与自我发展。孩子的可塑性很强，每个孩子都可能在某一方面表现出积极行为，而在另一方面表现出消极行为，而我们教育的目的，就是引导孩子朝着积极的方向发展。

因此，在日常的言谈中，我们应尽量给予孩子理解、宽容，多说一些能促进孩子健康成长的话语。

比如，孩子考试没考好，看起来很沮丧，这时你的指责只会加重他的负面情绪，让他更加沮丧、难过。但是，如果你这样说：

“一次考试没考好，不代表永远考不好，与其难过，不如找找没考好的原因，你觉得呢？”

“成绩不理想，让你感到有些难过是吧？我以前考试考不好时，也会比较难过。”

……

用类似的语言代替对孩子的指责，孩子就会从父母这里重新获得振作的力量，将负面情绪转化为寻找问题原因的动力。这样才是帮助孩子学会缓解情绪、解决问题的正确方法。

揭短，孩子不要面子吗

俗话说：“打人不打脸，骂人不揭短。”可是很多父母却经常当众揭孩子的短。回想一下，你有没有当着朋友、家人或客人的面，这样说过孩子：

“这孩子太胆小，不敢说话，有什么事就自己闷在心里。”

“我家孩子太爱撒谎，都揍他好几次了，改不了，真是气死人了！”

“我儿子特别任性，不听话，我都不知道该怎么管教他了！”

“我女儿学习太差劲，功课经常不及格。”

“这孩子都读五年级了，连自己的衣服还不会洗，真是愁人！”

……

类似的话语，父母在说的时候可能出于无心，也可能出于一时气愤或心血来潮，或者是为了表示谦虚，但不管出于什么心理，这样在外人面前张扬孩子的缺点，丝毫不在乎孩子的面子，对于教育孩子不但毫无帮助，还会伤害孩子的自尊心，让他感到无地自容，在众人面前抬不起头。

还有些父母，喜欢直接当着孩子的面揭孩子的短，比如：

“考这么几分，也值得你高兴成这样？”

“你这算什么，当年你爸爸我比你厉害多了！”

“你看看你，都上小学了，自己连鞋带都不会系呢！”

“你就是胆子太小、太懦弱，同学才会欺负你！”

……

以上这些沟通方式，都会伤害到孩子的自尊心和自信心。实际上，当孩子到了一定年龄之后，他们通常都会知道自己的优点和缺点，也会有羞耻之心。这时如果你经常揭孩子的“短”，让孩子的缺点不断暴露出来，就相当于给了孩子一种不良的暗示，让孩子认为自己就是这样的：爱撒谎、任性、胆小、懦弱……继而给自己的性格定性。由此可见，这种揭短其实是将原本不太严重的问题严重化了，让孩子原本不太在意的缺点，在父母的不断提醒下更加在意了。

著名心理学家李子勋曾经说过：“父母关注内向，孩子的内向就会被稳定地发展下来。父母内向，感觉内向不好，所以对孩子的内向更加敏感，结果反而会把问题搞复杂……所以，父母在对孩子的个性作评价时一定要非常小心，亲子关系中存在一种双重束缚。比如，父母说孩子不开朗，就会导致孩子更不开朗，而由于孩子不开朗，父母就更会加重说孩子。”

因此，父母在外人面前也好，与孩子进行直接沟通也好，绝对不要揭孩子的短处，这无异于变相地说“你不是个好孩子”。从心理学角度来说，这会让一个人产生恐惧社会的心理，甚至产生羞耻感、自卑感，出现自惭形秽的念头。

洋洋是个男孩子，但是他非常胆小：8岁了还不敢一个人睡觉，一定要有人陪在身边才能入睡；在日常生活中，他与人交谈时也常常面红耳赤；碰到老师不愿意打招呼，情愿绕道而行；在公共场合很少发言，即便是碰到了自己了解的话题，也不敢说话；平时学习成绩挺好的，可是一到考试就砸锅……

洋洋妈妈总是在朋友面前吐槽："我怎么就生了这么个孩子，胆小怕事，什么都干不好！"洋洋妈妈还会当着别人的面直接指责洋洋："这么简单的事都不会，笨死了！"

每次被妈妈揭短挖苦后，洋洋都非常痛苦，认为自己就是一个错误的存在，并且变得越来越懦弱了。

其实，懂得要面子的孩子，才是更有自尊的孩子，也才更明事理、知对错，有上进心。试想一下，如果一个孩子对于别人的任何指责、揭短行为都无动于衷，那么你又能通过什么方式去教育他、引导他呢？就像英国教育家洛克说的那样："父母不宣扬孩子的过错，孩子对自己的名誉就越看重，他们觉得自己是有名誉的人，因而会更加小心地去维护别人对自己的好评；如果你经常当众宣布他们的过失，使其无地自容，他们便会失望。由此，制裁他们的工具也没有了，他们愈发觉得自己的名誉已经受了打击，他们想得到别人赞赏的心思也就愈加淡薄。"

所以，无论在什么情况下，父母都不要揭孩子的短，多给孩子留些面子，哪怕你认为这就是孩子的"短"，也不要总去"提醒"、强化孩子的短处。尤其在别人面前，更要学会给孩子"留面子"，比如当有外人赞扬自己孩子时，我们可以这样说：

"是的，他最近进步很大！"

"没错，我也发现他越来越勇敢了！"

"他现在在家会帮我做很多家务，很能干的！"

"最近我女儿学会自己做饭了呢！"

……

多说孩子的优点，孩子就会觉得很愉悦，同时也会更加奋发向上。

同样，当我们直接与孩子沟通时，如果发现孩子有点滴进步，我们也要多加以肯定，比如这样对孩子说：

“我看到你的成绩比上个月有进步啦，不错不错，继续加油哦！”

“虽然你的想法跟我的不同，但你的想法也有道理。”

“你今天的表现很勇敢，我看到了你的进步哟！”

“功课不及格，我们就一起找找原因，好不好？”

……

每一个孩子的面子和自尊的起点，都源于父母的理解、接纳，以及非暴力的沟通方式。身为父母，我们在与孩子相处时，要学会多给予孩子认同与肯定，并且让他们逐步学会将“希望得到别人尊重”的面子，转化为“自尊、自爱、自重”的里子。具有这种性格的孩子，不仅自己会更自信、更乐观，未来在人际关系方面也更懂得尊重他人与自我尊重的道理。

比较，孩子心底最不愿接受的事

一个女孩在自己的日记中写道：“我也不知道为什么，好像什么事都做不好，爸爸妈妈总是拿我跟别人比。特别是开完家长会回到家后，那简直就是我的‘批斗大会’！既然他们觉得别的孩子好，那就让别人做他们的孩子呗！再说了，我不是不想学好，而是我不管怎么努力，他们都看不到！”

女孩描述的这个问题，在很多父母身上都发生过吧？

“望子成龙，望女成凤”，这是我们耳熟能详的俗语，谁不希望自己的孩子有出息呢？于是，拿自己的孩子与“别人家孩子”比较，也成了很多家长的常规操作。可能我们自己就是这类家长中的一员，当看到别人家孩子取得好成绩时，往往就用一种恨铁不成钢的口吻对自己的孩子说：

“你看人家XX成绩多好，这次又考了个第一。再看看你，你怎么就不能考几个第一回来！”

“你们班级光荣榜上，别的同学的小红旗多得数不清，你的却少得可怜！”

“XX都考上重点高中了，你要是以后像他那样有出息就好了！”

“人家XX在钢琴比赛中拿了第一名，你是怎么学的？”

“你看你，体育也太差劲了，连比你低一头的孩子都跑不过！”

……

这些都是父母常用的比较语言，他们总是习惯于拿其他孩子的优点来比较自己孩子的缺点，想以此为孩子树立一个榜样，激励孩子上进。但是，你在说出这些话时，有没有考虑过孩子的内心感受？这些话会让孩子更自信、更有自尊吗？

并不见得。我们可以换位思考一下，在职场中，如果经常有人拿我们与更强的人比较，比如：“你看人家小李，同样的工作，人家总是效率比你高。”“你学学老赵，每个月的业绩都比你好，你怎么就不行呢？”每当这些时候，你的内心会有什么感受？

此时你内心的感受，就是你将孩子与别人家孩子比较时，孩子内心的感受：难过、自卑，感觉不被尊重，感觉自己很没用。如果经常这样被拿来与别人比较，你甚至可能会对那些优秀的人产生嫉妒心理。

当然，作为成年人，我们会克制自己的情绪，调整自己的心态，但心智发育尚不成熟的孩子是很难做到这一点的。他们很可能会因此而变得焦虑、自卑、自暴自弃，甚至厌烦父母、回避父母，不愿再与父母交流，担心再被父母拿来跟别人比较，最终不仅伤害了孩子的自尊心，还伤害了彼此间的亲子关系。

网上有这样一则新闻：南京市一个13岁的小男孩，在留下一封信后离家出走。幸亏家人发现后及时报警，不久，民警就在一个公园的角落里找到了小男孩。

当民警询问男孩为什么要离家出走时，男孩哭了起来，边哭边向民警诉苦。原来，小男孩的学习成绩不太理想，经常被爸爸责备，不仅如此，爸爸还经常拿他与别人家的孩子比较，觉得他做什么都不行，做什么都不如别人。这让男孩产生了很大的心理压力，最后忍无可忍，才决定离家出走，不再给父母丢脸。

教育家苏霍姆林斯基说过："孩子的尊严是人类心灵里最敏感的角落，保护孩子的自尊心，就是保护孩子的潜在力量。"父母可以通过一定的话语激发孩子的好胜心和竞争意识，但前提是要维护好孩子的自尊心。每个孩子都是独一无二的，都有自己的长处和短处，我们完全没必要拿他们与其他孩子比较。只要尊重孩子的成长规律，根据孩子自身的特质去引导和帮助孩子，激发孩子内在的驱动力，满足孩子内心深处的要求，才能让孩子在成长过程中树立起自己的价值观和自己所追求的目标。

美玉也有瑕疵，孩子有缺点很正常，况且每个孩子的能力本来就各不相同。对于孩子来说，最好的榜样是自己的父母，而不是"别人家孩子"，父母只有先做好榜样，再掌握恰当的沟通方式，才能激发起孩子的进取心。比如，我们可以这样与孩子沟通：

"这次你的数学成绩虽然不好，但语文成绩不错。如果数学也能像语文这样，那就更好了。"

"我发现你在班级光荣榜上的小红旗又增加了，表现越来越好了呀！"

"你最近弹钢琴比上个月更认真了，继续加油哦！"

"我相信，你再努力一些，是有希望考上重点高中的！"

……

让孩子与自己比较，这样的"比较"方式，往往更容易让孩子接受，不仅维护了孩子的自尊心，还让孩子明白，只要自己努力，就会有好的结果。而有自尊的孩子往往也更自律，由此，孩子才更有信心和动力继续努力。

贴标签，孩子一定会“如你所愿”

孩子在成长过程中，总会不可避免地犯错，出现各种问题，这时父母可能就会批评孩子。批评的目的，是为了让孩子认识到自己的错误，并且及时改正错误。儿童教育家卡尔·威特曾说：“对孩子的批评，最重要的是要让孩子心服口服。”那么，怎样才能让孩子心服口服呢？

最有效的方法，就是在与孩子沟通时对事不对人。但在实际生活中，很多家长都忽略了这一点，习惯在批评孩子时由点及面，扩大问题，甚至对孩子的错误行为“贴标签”，比如这样说孩子：

“你真是个不听话的孩子！”

“我早就知道，你做不出什么好事来。”

“你怎么那么笨，连这么简单的事都做不好！”

“你考这么点儿分数，真枉费我的苦心，你对得起我吗？”

“你真是个倔脾气！明明就是你的错，为什么不承认呢？”

“别装出楚楚可怜的样子，你就是个爱哭鬼，根本不值得同情。”

“你就是个撒谎精，每次都跟我撒谎！”

“你就是太懒了，每次都收拾不好。”

……

以上这些话，相信很多父母都不陌生吧？说孩子不听话、倔强、爱哭鬼、撒谎精、懒……这些根本不是在批评孩子，而是在不断地给孩子“贴标签”。也许你觉得这些话没什么，你只是顺口说出来而已，殊不知，这些“标签”就像一个个预定的模子，贴在谁身上，谁就会像被施加了魔咒一样，成长为标签中所描述的样子，哪怕他原本不是这样的。

在电影《疯狂动物城》中，小狐狸狐尼克原本想当一名小骑警，保护弱小，维护和平。他的妈妈知道他的梦想后，很支持他，骑警队队员也答应他加入他们的队伍。

然而，当他加入骑警队，参加入队仪式时，那些曾经欢迎他的食草动物们却一下子将他扑倒在地，还给他戴上嘴套。因为他们认为，狐狸一直都是狡猾的，永远不会改变，也不值得信赖。

于是，原本善良的小狐狸就被贴上了“狡猾”这个标签，这让狐尼克非常难过。他哭着做出了决定：既然他们认为我是狡猾的，那我根本没必要再做出什么改变了。

长大后，狐尼克成了名副其实的“小混混”，四处坑蒙拐骗。如果不是最后遇到了兔子朱迪，他可能一直都是一只狡猾的狐狸了。

在现实生活中，又有多少孩子有小狐狸一样的经历呢？

教育心理学上有个“翁格玛丽效应”。据说，有个女孩名叫翁格玛丽，长得很普通，但她的家人和朋友为了让她增强信心，就不断在她面前说：“你真美丽！”“你真是个漂亮的女孩！”由此，翁格玛丽逐渐有了自信心，每天照镜子时都觉得自己很美，并且她也会在心里对自己说：“你真的很美。”后来，翁格玛丽也确实越来越自信，并且由内而外地散发出迷人的气质。

这种效应的原理，其实就是给了孩子某种心理暗示，推着孩子不断向这个目标靠拢。久而久之，孩子就会成为大家期待中的样子。

相反，如果你经常给孩子贴一些负面标签，那么孩子就会不断接收负面评价，他们的潜意识也会不自觉地认同这种评价，甚至不惜以进一步的行为来捍卫它，以证明“我确实就是这样”。所以你会发现，你越说孩子“不听话”，孩子就越不听话；你越说孩子没主见，孩子就会越来越懦弱……总之，孩子一定会越来越“如你所愿”。

有些父母可能会说：“既然负面标签不好，我给孩子贴正面标签行不行？”

正面标签使用不当，同样会影响孩子的自我评价。比如，有些父母经常这样夸孩子：

“你真聪明！”

“你真是个好孩子。”

“宝贝最听话了，真懂事！”

“你是最棒的！”

……

这些话看起来是在给予孩子正面评价，其实就是一些大而空的话，长期下去，也会限制孩子成长性思维的发展。因为社会的评价体系是多元的，“懂事”“听话”“好孩子”“最棒”等，都无法符合所有评价体系，只能说它符合当下场景中孩子的表现。这个场景“懂事”“听话”的孩子，其他场景中就不一定是“懂事”“听话”的了。

所以，不论是批评孩子还是表扬孩子，在与孩子沟通时，就要尽量减少“贴标签”式的语言，哪怕很生气、很愤怒，也要控制好自己的情绪，然后透过孩子的行为看到其背后的本质，再就事论事地与孩子沟通。

比如，当孩子吵闹时，你可以这样说：

“你现在似乎有点太兴奋了，我觉得你需要冷静下来。”

“如果你能安静下来，让自己休息五分钟，可能更好。”

如果孩子考试没考好，你可以这样说：

“你是个知道努力的孩子，这次没考好，就再努力一点儿，争取下次考出好成绩。”

“我们一起找一找原因吧，看看哪部分内容扣分最多？”

孩子犯了错，你可以这样说：

“你不应该把土撒在小朋友身上，那样他会伤心的，你应该向他道歉。”

“你在小朋友不知情的情况下，拿走了他的笔，他会难过的，明天一定要还给他！”

如果要表扬孩子，强化孩子的正向行为，你可以用下面的话代替“你真懂事”“你真棒”等标签：

“你今天帮妈妈做家务，还帮爸爸擦了鞋，越来越懂得为别人着想了。”

“哇，你今天自己洗完了自己的衣服，真能干！”

总之，孩子是需要尊重、理解和鼓励的，而不是用一个标签来给他们定型。不管是好的标签，还是坏的标签，如果错误地用在孩子身上，都会影响孩子的自我认知和自我评价。如果你想让孩子成为自己期待中的样子，就一定要用相同的方式对待他，不论是要孩子改正不良习惯或错误，还是要强化正向的行为，我们都要先让孩子知道他怎样做才是对的。只有这样，孩子才能客观地看待自己，对自己形成正确的认知。

唠叨，只会让孩子越来越烦

“妈妈，求求您别再说了！您都说了多少遍啦！”孩子跺着脚，对妈妈哀求道。

“知道了，知道了！还有完没完呀，我的耳朵都要起茧子了！”儿子捂住耳朵，对着父母大喊。

这样的场景，相信在不少家庭里都出现过，不少父母特别喜欢对着孩子唠叨。一开始，孩子可能还会听几句，可听得多了，孩子就会产生厌烦心理，与父母产生对抗。而且心理学家指出，在孩子身心发育阶段，有些事情会非常容易激发孩子的不良心理反应，唠叨就是其中最为常见的一个起因。在唠叨中，孩子会产生很多心理问题：要么在父母的唠叨中选择沉默，变得越来越孤僻、自闭，不再与父母交流；要么就与父母对抗，变得叛逆；要么就与父母一样，慢慢也变得唠叨起来。

父母对孩子的爱都是无私的，一心一意为孩子着想，大事小事都为孩子安排得妥妥帖帖。当孩子犯了错，他们就反复劝说，生怕说不到孩子心里去，于是，在很多家庭中就经常会听到这样的话语：

“出门多穿件衣服，外面冷！”

“赶紧吃饭，不然要迟到了，每次吃饭都这么慢！”

“放学了不要在外面玩，早点回来写作业！”

“到睡觉的时间了，怎么还不上床？每天都拖到这么晚。”

“这道题怎么又做错了？昨天我不是让你问老师吗，你怎么不问？”

“这次考试成绩又不理想，怎么这么粗心！”

“怎么才考80分呀，平时就知道玩，说了多少次了，要专心听课！”

“赶紧把你的房间收拾一下，每天都让我说你，不说就不知道收拾，真让人操心！”

……

父母总觉得孩子身上有各种各样的问题，需要不停地在他们耳边提醒，他们才会去做、才会做好。殊不知，这其实是对孩子的一种变相施压，它背后所隐藏的意思是“你做得还不够好”，以求达到让孩子按照自己的意愿行事的目的。

青春期的孩子，自我意识越来越强，总认为自己能够管理好自己的事情。而父母的唠叨、干预往往会破坏他们的自我意识，这就很容易激起他们强烈的反感情绪。这也是为什么父母的唠叨很难达到沟通效果，还会适得其反的原因。

成长中的孩子最需要的是认同和接纳，无论是自我认同还是他人的认同、接纳。只有获得了认同与接纳，他们才会喜欢自己，继而产生前进的动力。而更多的时候，孩子的自我认同也需要通过他人的认同来实现。如果父母不懂得用认同、接纳的态度与孩子沟通，每天只是对着孩子唠叨、批评，不仅会削弱父母的语言效力，而且孩子往往不会向着父母期望的方向发展，反而觉得父母很烦、很不可理喻，与父母产生对立情绪。

所以，父母要想让沟通产生效果，就要学会停止唠叨，用更恰当的方式与孩子进行沟通。对于生活中一些可以由孩子自己做主的事情，如吃饭、穿衣、睡觉等，不妨把主动权还给孩子，让孩子自己决定吃什么饭、穿什么衣服、几点睡觉，尊重孩子的选择。孩子没必要时时处处都随父母心意，如果他们用自己的方式对待生活，而不违反社会和家庭规则，我们应该感到欣慰而不是失落。

如果是一些关于孩子成长中遇到的问题，比如学习问题、交友问题，或者希望孩子在某方面做出改变等，在与孩子沟通时也尽量做到就事论事，用尽可能简洁、明了的语言来表达看法，比如：

“我觉得，你可以把写作业的时间提前半小时，写完后再看电视比较好。”

“这道题又错了，上次已经错过一次了，我觉得你应该想想办法，看怎么攻克它，比如请老师再给你讲一遍？”

“你看，时间到了，你该停下游戏了。我只提醒一遍，如果你继续玩，对不起，妈妈就要替你关机了。”

“如果晚饭后你有空，最好把你的房间收拾一下。”

“与朋友闹翻了，这件事让你很难过是吗？如果你需要我帮忙的话，我可以帮你想想办法。”

“要是你愿意每周跟我分享一下你的学习情况，我就不会太担心你了。”

……

父母要记住，应该孩子自己承担的，我们尽量不要参与。孩子做不好，他会受到相应的“惩罚”（比如赖床导致迟到、作业写不完被老师批评），孩子也会因此纠正自己的行为。如果不是孩子自己经历过的事情，即使你每天不停提醒，也不会有什么好效果。与其如此，不妨停止唠叨，学会放手。只有面对孩子确实解决不了的问题，或者孩子向我们寻求帮助时，我们再提出有效的建议或意见，这时孩子才更容易听进去我们说的话。

否定，孩子会形成自卑人格

有的父母在教育孩子时，大致会采用两类方法，一类是喜欢捧孩子，不管孩子做什么、做得怎么样，都会赞美孩子“聪明”“棒”“厉害”“了不起”；另一类则喜欢打击孩子，经常把孩子贬损得一无是处，不管孩子说什么或做什么，总是要找出点毛病来驳斥孩子。第一类我们暂且不论，这里说说打击、否定孩子的做法。

在生活中，我们经常会发现这样的父母，可能我们自己就是这样的父母，认为小孩子就得多打击，养成谦逊的人格，否则容易骄傲、容易“飘”。所以在跟孩子说话时，往往也是这样的“话风”：

“你小孩子懂什么啊！听我的就行了，你的办法行不通！”

“你大错特错了，你的老师绝对不会那么刻薄！”

“不要再这样说了，你说的不对。”

“你不行，做不了这件事，不要逞能了，赶紧停手吧！”

“别买这件衣服了，这件衣服多难看！你的眼光太差了！”

“你的身体不行，爬什么山，根本爬不上去！”

……

心理学上有个概念，叫作“原生自卑”，主要产生于一个人的儿童时期。而导致儿童自卑的主要原因，就是父母与孩子的沟通方式不当。其最典型的特征，就是孩子胆小、懦弱、自卑，认为自己不如同龄人。而经常否定、打击孩子的结果，就会让孩子变成这样，甚至最终形成自卑人格。哪怕是自己成年后，也仍然背负着父母对自己的那些否定。那种自卑感，与一个人的年龄、成就没有太大关系。

去年有一部电视剧很火，叫作《以家人之名》。但这部剧中的配角齐明月的妈妈对她的教育方式，却让人不敢恭维。

齐明月一直活在妈妈的否定中，不管她多努力，在别人看来多优秀，在妈妈眼中都永远比不上“别人家的孩子”。她在高中时担任班长，经过努力，考试考了第二名，却被妈妈嫌弃考不了第一名。工作之后，她当上了记者，妈妈又责怪她的工作没编制、不稳定，没有成为像同学李尖尖那样的艺术家。她攒钱买了车，想带妈妈去兜风，可妈妈却说车太便宜，给她丢面子……

总之，在齐明月妈妈眼中，她永远不如别人，妈妈对她永远都是打击、否定，这就导致她什么事都不敢自己做决定，不敢自己拿主意，认为自己一无是处，做事也漏洞百出，胆小懦弱。哪怕是工作后她被评为优秀员工，也依然有深深的自卑。

每个孩子在成长过程中，都渴望得到父母的认可，即使成年后也是如此。只有从父母这里获得了充分的认同和接纳，孩子才会更有信心、更有勇气去面对外界的风雨和挫折。

相反，那些经常被父母否定、打击的孩子，不管是在面对困难时，还是在与外界他人竞争时，总是会产生一种“我不行”“我比不上别人”“我很弱”的念头，也会在某些重要阶段或重要时刻，如面对考试、面对重要任务时，突然产生“能力不足”“难以实现”的消极念

头，甚至干脆直接放弃，不敢去尝试。

BBC 有一部纪录片，叫作《UP》，其中有一位名叫尼尔的男孩。童年时的尼尔活泼可爱、健康阳光，他的梦想是长大后去当宇航员。

然而到 14 岁后，尼尔就不再那么乐观开朗了，因为父母对他十分严格，并且经常否定他，认为他很多方面都做得不够好，根本达不到当宇航员的标准。但有梦想的支撑，尼尔仍然刻苦地学习，并且想考上牛津大学。可惜，后来他考试失败，没有上牛津，只去了一所不知名的大学。从这以后，他就彻底变了，变得颓废不堪、自暴自弃，甚至最后不得不从学校退学，去做搬运工维持生活，历经坎坷，生活落魄。

后来，人们这样评价尼尔的一生：他的想法很多，但缺乏积极的行动，这可能与他童年时被父母否定太多有很大关系。

如果一个孩子经常被父母否定，不能从父母那里获得自我肯定的力量支撑，他就会渐渐丧失自信，并且缺乏行动力，因为害怕自己的行动再次遭到父母的否定。孩子会觉得，反正自己“多做多错，少做少错，不做可能就不会错”，于是干脆什么也不干了。这样的孩子就会事事坐等父母安排，做任何事都缺乏主动性，更缺乏主见。

此外，他们在与人交往时也会显得唯唯诺诺，害怕自己的看法不能得到别人认可，害怕被别人否定、嘲笑，因此也很难经营好自己的人际关系。

这也提醒父母们，不管在任何时候，都不要轻易否定孩子，哪怕他真做得不够好，也要通过恰当的方式与孩子沟通，比如用类似下面的方式说话：

“你的想法也不错，可以试试看。”

“我认识你的老师，我感觉他人不错，你感觉自己不能接受他哪些方面呢？”

“我说的也可能不准确，不如我们一起查一下书吧！”

“如果你想尝试一下的话也可以，我支持你。”

“我不喜欢这件衣服，不过每个人都有自己的喜好。”

“你想去爬山吗？如果你做好准备的话，可以去挑战一下，加油哦！”

……

孩子在成长中，犯错是难免的，也会有想要自己做主、想去尝试的事，这时你可以批评孩子的危险行动，引导孩子，但不要否定、打击孩子，更不要上升到对孩子人格的攻击。只有这样，孩子才能从父母那里获得力量，获得强大的自信与安全感，明白“父母会一直支持我去勇敢尝试”，懂得“只有去做了，才能知道成败”的道理，从而逐渐变得自信、勇敢，越来越优秀。

第二章

改变态度：因为彼此有爱，所以更要好好沟通

关于父母与孩子之间的关系，著名心理学家科赛说："关系越密切，冲突越频繁。"也有人说："当你有了孩子，你就有了问题。"这并不是说孩子让我们成了问题父母，而是意味着随着孩子的成长，父母必然会面临孩子各种各样的问题，彼此间的沟通也变得越来越难。但是，这并不表示沟通问题无法化解，只要父母改变态度，以尊重、信任、坦诚的态度面对孩子，掌握孩子真实的想法，就能于润物无声之中实现真正的非暴力沟通。

倾听，沟通之前，先耐心听听孩子怎么说

在大多数家长的观念中，都认为与孩子沟通的方式主要是自己“说”，而孩子只需要“听”就行了。其实，真正有效的沟通方式在于“听”，理由很简单，因为你根本无法通过“说”了解孩子内心的所思所想。只有先听懂孩子说什么，你才不会在了解实际情况之前做出错误的决定，或说出不恰当的话语，做出不合适的行为；也只有这样，你才能知道孩子在想什么，从而有针对性地给予孩子关心和帮助，也才会令亲子间的沟通变得更容易、更有效。

任何一个孩子，都渴望得到他人的爱护与肯定，尤其是他们生活中的重要人物，比如父母、老师、朋友等。同样，他们也有强烈的想要向成人表达内心情感的渴求，这时孩子需要的就是有人耐心地倾听他们的诉说，理解他们内心的感受。所以，父母所采取的最好的沟通方式就是倾听，并且在倾听过程中适当做出反应。在这个过程中，你会发现，孩子会说出许多自己的想法，或者就某些问题提出一些前所未有的建设性建议。而孩子也会因为你的耐心倾听感受到你对他的关注与尊重，也更愿意向你敞开心扉。

可惜的是，很多父母不明白这个道理，每次一发现孩子做了违背自己要求或期待的事，就会滔滔不绝地教训孩子：

“你怎么能那样对小朋友呢？那样多没礼貌呀！”

“我可不喜欢你这个样子，动不动就哭，哭，哭！”

“老师怎么不批评别人，只批评你，肯定是你表现不好！”

“你怎么又没考到 90 分，连续两次都在 90 分以下，你是怎么学习的？”

……

在这个过程中，有些父母根本不给孩子申辩的机会，更别说倾听了。殊不知，孩子可能刚刚被小朋友欺负，正感到委屈；可能被老师冤枉了，心里正难过；可能这次考试的题目很难，全班都没有考上 90 分……但是，父母没有倾听，就对孩子一通批评。如此，孩子的内心会高兴吗？久而久之，孩子又怎么能愿意与父母敞开心扉地沟通呢？

在日本著名作家黑柳彻子所著的《窗边的小豆豆》中，校长小林宗作先生每次都会非常认真、耐心地听小豆豆说话，有时甚至能专注地听三四个小时。而刚刚六七岁的小豆豆，所讲的无非是一些幼稚的小故事，但小林宗作先生却一点儿也不厌烦。

所以，小豆豆特别喜欢校长，也特别感激校长，甚至“感到自己有生以来第一次碰上了真正可亲的人”，因为“小豆豆长这么大，还从来没有人用这么长的时间来听自己讲话”。

可见，被温柔倾听的孩子，内心是多么满足。在孩子看来，即使是再平常不过的小事，都会令他们兴奋得像发现了宝藏一样，迫不及待地想要与自己最亲近的人分享，渴望倾诉自己的兴奋之情。这时，父母任何的一点儿不耐烦和敷衍，都像是泼向孩子的冷水，让他们不得不扫兴地闭上小嘴巴，内心的失落可想而知。

所以，父母要想与孩子之间实现良性沟通，就要先花一点儿时间，认真地听听孩子的话。但在倾听时，还要注意下面三个问题：

1. 与孩子要有眼神交流

在倾听孩子说话时，要看着孩子的眼睛，与孩子有眼神交流，这其实是让孩子知道，他与我们一样，是作为一个独立的个体存在的，我们重视他所说的话，并且愿意认真倾听。

当孩子在诉说时，不管他的观点在我们听起来多么可笑、幼稚，或者存在明显的错误，也不要急于打断，而是先耐心地听孩子把话说完。孩子从父母这里得到了尊重和关注，内心才会获得满足感，同时也能感受到父母的真诚与爱意，接下来也更容易接受父母的建议、观点等，进而形成良性的亲子沟通。

2. 给予孩子适当的积极回应

在倾听孩子的表达时，最令孩子扫兴的话莫过于父母的一句“我早就知道了”。简单的一句话，就能浇灭了孩子所有的表达兴致。久而久之，孩子就再也不想跟父母说太多了。

聪明的父母一般会在孩子说话时，给予孩子积极的反馈和回应，引导和鼓励孩子继续说。比如，我们可以用下面的话来回应孩子：

“哇，你说的是真的吗？”

“竟然有这样的事？我简直不敢相信！”

“接着又发生了什么？然后呢？”

“那你是怎么想的？你会支持你朋友的做法吗？”

“你觉得老师这样说对吗？换作是你，你会怎么办呢？”

“哈，那你简直发现了新大陆啊，你是不是很激动？”

……

通过类似以上这些语言回应，孩子才能真正感受到你在听他说，并且也更愿意继续分享他的想法。

3. 需要打断孩子时，要向孩子解释原因

在孩子叽叽喳喳地诉说时，我们可能会突然因为其他事情不得不打断孩子，或我们自己情绪不好，无法耐心听孩子说话，想要安静一会儿。这时，我们需要耐心地向孩子解释一下，而不是嫌弃孩子吵闹、不懂事，否则这样很容易打消孩子与我们沟通的积极性。

我们可以这样对孩子说：

“对不起，宝贝，爸爸现在必须接一个重要电话。等爸爸接完电

话，我们再继续好吗？”

“今天妈妈很累，没精力听你讲有趣的故事了，明天妈妈休息好了，我们再慢慢讲，好不好？”

“妈妈今天心情不太好，想一个人静静，你能先一个人玩一会儿吗？等妈妈好些了，就来找你聊天，可以吗？”

……

当我们耐心地向孩子解释原因或者说出自己的感受时，孩子也会在倾听中了解到父母的需求。这种彼此尊重的沟通方式，也必然会让父母和孩子都受益良多。

此外，我们还可以在行动上表示自己在耐心地听孩子说话，比如给孩子一个鼓励的眼神或微笑、拍拍孩子的肩膀、伸出手指点个赞等，都是在向孩子传达你的态度。孩子在得到父母的鼓励后，也必然更乐于与父母沟通、交流。

信任，好好说话源于对彼此的信任

很多家长和孩子可能都看过一部名叫《龙猫》的动画片，其中的妹妹小梅在无意中遇到了一只大龙猫，小梅还趴在大龙猫的身上睡着了。而当姐姐小月把小梅叫醒后，小梅却发现大龙猫不见了。

小梅告诉姐姐和爸爸，说她今天遇到了大龙猫，可当她带着他们去大森林找大龙猫时，却怎么也没找到。小月不信小梅说的话，嘲笑她就是在瞎说，小梅一再强调：“我真的没有骗你们！”

这时，爸爸笑着对小梅说："爸爸相信你，你今天一定遇到了这森林的主人。"

得到爸爸的信任后，小梅立刻笑逐颜开！

在培养孩子的过程中，信任孩子是非常重要的。孩子也总是渴望得到成人的认可、赞赏和信任，并通过这些来肯定自我、发展自我。不仅如此，孩子还会感到自己与父母处于平等地位，从而更愿意亲近父母，有心里话也更愿意与父母倾诉。这就增进了父母对孩子内心世界的了解，在教育孩子时也更能有的放矢，获得更好的效果。

但是，能真正信任孩子的父母却不多，更多的时候我们会看到父母对孩子各种行为的不满、气愤甚至反感。

譬如，当你的孩子考试考砸了，你会愿意相信孩子的解释吗？会不会怀疑他没有认真学习，或者考试前贪玩，没有好好复习？在考试结束后，经常有父母训斥孩子：

“你就考这么点分数？你是怎么学的？”

“你连这么简单的题都不会，你上学都学啥了？”

“你们班很多同学都考了100分，你怎么才考这么点？”

……

除了学习问题外，父母还会有很多对孩子的不满，比如经常这样“控诉”自家孩子：

“我就知道你不行，你就是不听，结果搞砸了吧！”

“我早就说过，你不是学钢琴的料，结果怎么样？刚学两个月就不学了，浪费一大笔钱！”

“说了不让你玩游戏，你就偷着玩，现在只好在你房间装个监控，随时看着你！”

“不要再骗我了，这肯定就是你干的！”

“你总说自己要努力学习，可结果总让人失望，我还怎么相信你？”

……

这些话语，都是因为对孩子不够信任。经常这样与孩子沟通，孩子的自尊心和自信心都会受到伤害，对父母的信赖也会大大减弱。曾经有一位老师，在全国的几十所学校里做了个调查，调查内容是：如果你遇到了危险，或者遇到了难以解决的问题，你首先会向谁求助？结果让人出乎意料，首先选择向父母求助的人竟然不到7%。导致这样的结果，很大一部分原因是父母不相信孩子，对孩子说的话、做的事都持怀疑态度。父母与孩子之间的信任是相互的：你不信任我，我又怎么会信任你呢？

所以，在孩子的成长过程中，父母要善于做孩子的啦啦队，经常为孩子加油喝彩、鼓掌欢呼，给予孩子充分的信任和鼓励。只有这样，彼此间的沟通才更顺畅。

1. 相信孩子能完成他责任范围内的事

不同年龄的孩子所能完成的事也不一样，但日常的衣食住行和学习上的事却是他们必须完成的，但就是这些事，很多父母也不信任自己的孩子能自己完成。

实际上，你越在这些方面表现出对孩子的不信任，孩子就越难做好。与其如此，不如在每学期开学前，与孩子进行一次比较正式的沟通，沟通一下孩子在新学期可能面对的问题和挑战、孩子当前具备的优势及需要进一步改进的地方，并尽量在这些方面与孩子达成共识。然后，你就可以告诉孩子：

"妈妈相信你可以按照我们约定的去做，并且会做得更好。"

"爸爸相信，只要你努力，肯定能达到目标。加油！"

"我们相信你，如果需要我们的帮助，我们也一定会全力支持！"

每个孩子的潜力都是巨大的，而来自父母的信任往往更能有效激发他们内在的潜能，增强他们的信心和能力。在这种内驱力的作用下，孩子也会尽可能地把他责任范围内的事情完成得很好。

2. 相信孩子能认识到自己的错误和不足

很多时候，我们总觉得孩子什么都不懂、什么都做不好，所以当孩子出现某些不当言行或暴露出某些缺点时，总是会严厉地呵斥、责备孩子。

其实，只要我们有点耐心，告知一下孩子的言行所会引发的后果，孩子往往马上就能意识到自己的错误。这时你再加以引导，孩子也能知道怎么做才是正确的。

比如，孩子在走路时不小心撞到了别人，却没有道歉，转身就走了。这时，有的父母可能就会训斥孩子：

“你怎么这么没礼貌？走路从来没个正经样子！”

这时孩子可能会生气，觉得被父母责骂，很没面子，半天不高兴。

但如果你换个说法，并且给予孩子足够的信任，就可以这样跟孩子说：

“你撞到别人了，我相信你知道自己该怎么做吧？”

这样既指出了孩子的不当行为，又提醒了孩子，孩子很自然地就知道向被撞者道歉了。

3. 相信孩子有想要变得更好的意愿

这是父母最容易忽略的一点。很多时候孩子在做错事后，本来很想改正，可父母立刻上纲上线，对孩子一顿训斥。比如，孩子拖地时不小心碰倒了家里的花瓶，父母没有帮孩子分析是怎样造成这个结果的，反而呵斥孩子：

“看看你，干什么都是慌慌张张的，什么都做不好！”

孩子本来想马上整理好，下次再拖地时一定要注意，但听父母这么一说，可能连继续做家务的念头都打消了。因为怕做不好再挨骂，干脆以后不做了。

这时如果换个说法，如：

“你虽然打破了一个花瓶，但地拖得还是很干净的，就是下次要小心一些。”

这样既简单地提醒了孩子所犯的错误，同时又肯定了孩子的付出。孩子为了获得父母更多的肯定，下次再做家务时也一定会想起上次自己所犯的错，从而更加小心，把事情完成得更好。

欣赏，看到孩子的优点和长处

虽然每个孩子的天资有别，学习新事物有快有慢，学习成绩也有好有坏。但我们不可否认的是，每个孩子都有自己的优点与长处。哪怕是平时表现再不好的孩子，我们也能从他身上找到优点。

但是，很多父母在与孩子相处过程中，总是盯着孩子的缺点不放，却很少能够看到孩子的优点。这就像一张白纸上有一个黑点一样，人的目光总是容易看到那个黑点，而忽略黑点周围大片的白色。这个黑点就像是孩子的缺点一样，而白色就是孩子的优点。明明有很多优点，一些父母还是会一下子把目光落在那个黑点上。

父母所关注的点不同，与孩子的沟通方式自然也会不同，所以我们经常会听到父母数落自家孩子：

“你看你，做点什么都磨磨蹭蹭的，没完没了。”

“你胆子太小了，就一只小虫子而已，有什么好怕的？”

“你就是个闷葫芦，见人也不爱说话！”

“你总是这么粗心了，写作业丢三落四的！”

“你能不能有点耐心？做什么都是三分钟热度，坚持不了多久！”

……

当然，孩子的表现可能的确存在问题，但如果你换个角度看，也许这些问题中也暗含着孩子的优点，比如，孩子做事磨蹭，但他可能做得很仔细；孩子怕虫子，但可能因此而不会伤害小动物；孩子不爱说话，但孩子可能很有想法；孩子粗心，但可能很乐观、积极……

著名作家林清玄以前在做记者时，曾经报道过一个小偷作案的手法十分细腻，多次犯案都没有被发现。在报道的最后，他忍不住感叹道：“这个人的心思如此缜密，手法如此灵巧，风格如此独特，如果做任何一行，应该都会有所成就的吧！”

让林清玄没想到的是，他无心中写下的这句评价竟然影响了一个青年的一生。后来，这个小偷果然放弃“老本行”，自己去创业，还成了几家饭店的大老板。后来，他专门去拜访林清玄，并对林清玄说：“您的那篇报道完全打破了我生活的盲点，让我想到，除了做小偷，我怎么就没想到要做点正当行业呢！”

可见，有时哪怕只是几句无心的欣赏与赞美，都可能会改变一个人的一生，何况期待得到父母认可和欣赏的孩子呢！

但是，如果我们只看到孩子的缺点，并揪住这些缺点不放手，就会令孩子感觉父母是不爱自己的。而且经常被批评和指责的孩子为了自保，就会不自觉地减少与父母的沟通，害怕自己做的、说的不符合父母的期待，又被父母批评、指责一通，结果很多情绪和需要就容易压抑在内心深处，甚至因此对父母产生怨恨心理。

所以，如果你希望自己的孩子成长得阳光、乐观、自信，就要多将关注点放在孩子的优点上，用欣赏、肯定的态度与孩子沟通。人都希望被欣赏、被赞赏，当优点被看见时，人的心理能量就会上升，由此也会发展出更多的优点。

作为父母，我们应该理解孩子的这种心理，学会欣赏孩子的独特个性，并把你对孩子的欣赏表达出来，让孩子知道。这样才能不断强化孩子的优点，让孩子变得积极、乐观，让亲子沟通更顺畅。

具体来说，我们可以从下面几个方面来与孩子沟通：

1. 欣赏孩子好的行为，强化孩子的正向行为

有时候，孩子在做一些事情时，尽管可能做得不够好，但在做的时候已经很努力了，这时父母就要及时给予孩子欣赏和表扬，比如这样跟孩子说：

“这么难读的句子，你都能读下来，一定下了不少功夫吧？真的很棒！”

“虽然没有跑到终点，但你表现出了了不起的耐力，给你点赞！”

“尽管这次没考好，但我发现你把试卷中最难的那道题解出来了，很厉害哦！”

“今天虽然没有拿到好成绩，但只要努力了，就很了不起！”

……

运用这些欣赏的话语与孩子沟通，不但能安抚孩子因为没能成功而失落的心情，还能让孩子明白，凡事只要付出努力，即使结果不够完美，也同样值得肯定，继而激励孩子更加努力地去证明自己。

2. 欣赏孩子做事的结果，鼓励孩子再接再厉

有些父母总认为孩子没有可欣赏的地方，做事拖拖拉拉、丢三落四，有什么可欣赏的呢？

实际上，只要孩子做了某些事，就总能找到可欣赏的点。比如孩子做家务时，你可以跟他说：

“你今天帮我做家务啦，真好！”

“谢谢你今天当我的小帮手，我感觉你一下子就长大了。”

孩子的考试成绩提高了，你可以说：

“今天考了 90 分，说明你的基础知识掌握得不错，继续加油哦！”

“今天的成绩，就是你自己努力的结果，所以只要努力，就会有收获。”

通过这些日常小事欣赏孩子，孩子就会觉得自己在父母眼里是有价值的，是被认可的，以后做事也更有动力，并努力做到有始有终。

3. 无条件地欣赏孩子本身

这种欣赏主要分两种情况，一是欣赏孩子自身所具有的一些特质、能力等，如善良、诚实、细心、勇敢、稳重等，以此强化孩子的正向特质。比如，你可以这样跟孩子说：

“妈妈非常欣赏你的勇气，你是个勇敢的男子汉！”

“你的想法与众不同，很爱思考！”

“你这么耐心地给陌生人指路，是个善良的好孩子。”

“你这么诚实，爸爸感到很骄傲！”

……

还有一种情况，就是只基于你与孩子的关系，因为生命的存在而欣赏孩子，比如：

“我觉得非常幸运，你成了我的女儿，让我感觉人生特别美好！”

“有你这样可爱的孩子，我感觉很知足。”

……

以上的这些话语，都可以提高孩子的自我价值感，让你与孩子之间的沟通更顺畅。而且这种欣赏本身对孩子来说就是一种正向的情感刺激，有利于孩子自我认同感的建立。即使孩子明明知道自己有很多缺点，但因为有父母的欣赏，他们也不会感到自卑、挫败，这对于孩子建立良好的心态、发挥自己的优势大有帮助。更重要的是，这种沟通方式可以奠定你与孩子间良好的亲子互动基础。

尊重，放下你的高姿态，孩子更容易接受

记得人本主义心理学大师罗杰斯这样说：“不要想控制孩子的一切，用自己的标准要求孩子，而是把他当成一个独立的人来尊重他，这样才会激发他的能量。相信他会成为他自己，不需要伪装，不需要压抑，他会成为一个负责任、自我主导的人，一个拥有个人目标和价值观的人。而且，他会从这种家庭关系中获得很大的满足，会爱家人、爱交流。”

这种观点简单来说，就是尊重孩子的想法和感受，不要用“家长”的身份，以高高在上的姿态去与孩子沟通，多给孩子一些自己做决定的机会。即使有时明知道孩子的行为可能会带来不好的结果，但如果孩子不能自己做决定，不能自己亲身去经历一遍，不去撞到那个“南墙”，他就无法真正学习到经验，也难以更好地成长。

但是，现在大部分家长在与孩子沟通时，都会不断地向孩子说教，给孩子传授经验，没有给孩子自己做决定或体验式的成长机会。尤其看到孩子想要尝试一些新鲜事物时，总是习惯这样对孩子说：

“你不行，你做不了这个！”

“养什么狗呀？你连自己都不会照顾，怎么能照顾狗？到时候还不是我来照顾！”

“学音乐有什么用？也不能当饭吃！还是想想怎么把学习成绩提高吧！”

“我像你这么大时，学习可比你努力多了！”

“小孩子干不了这个，你非逞能！看看，搞砸了吧？”

……

结果呢？孩子要么用哭闹发泄情绪、要挟父母；要么对父母心怀不满，以后有什么事也不愿意跟父母商量了。

实际上，当我们不再试图改变孩子，给予孩子一定的自主权，并尽量满足孩子的兴趣爱好后，孩子内心的反抗情绪就会越来越少，与父母沟通起来也更顺畅。在这种情况下，你再跟孩子商量一些事情，他反而更容易答应。

但有些家长可能会说：“我们也很愿意尊重孩子，也乐意支持孩子的兴趣爱好，但孩子的一些言行我们真接受不了！比如他要学唱歌，要当明星，可我们根本看不到他有唱歌、当明星的潜力，那也不能让他拿着钱去瞎折腾呀？跟他说不行，就跟我们顶嘴、闹情绪！”

新东方学校的创始人之一的徐小平有两个儿子，虽然个性不同，但兴趣却很相似，他们在十四五岁之前，都梦想着要成为摇滚明星。虽然徐小平也没看出两个孩子有这方面的天赋，但却没有直接干涉或阻止，而是表现出对他们的鼓励和欣赏，让他们自由追求自己的爱好，还给他们报了一个短期的培训班，又买了吉他。两个孩子每天在家里弹吉他，玩得不亦乐乎。

后来，小儿子又喜欢上了烹饪，坚持要报烹饪班。徐小平虽然不解，但仍然尊重了孩子的想法，给他报了个烹饪班，让他专门去学习烹饪。当时家人都反对，但徐小平说，不管孩子是不是真心喜欢，去尝试一下也没什么坏处。如果孩子以后真当了厨师，在大家面前露一手厨艺，那是多拉风的事啊，想必还会很受女孩子欢迎呢！

由此可见，当孩子有一些自己的想法时，哪怕他的想法与我们期望的可能有偏差，只要不违背法律和道德，就要用尊重的眼光来看待。

我们常说要爱孩子，那么爱到底是什么？爱，就是你明知孩子可能会犯错，明知这条路可能走不通，明知孩子可能坚持不下去，但仍然愿意放下你的高姿态，停止你的说教与“经验”传授。要知道，你和孩子之间不是统治与被统治的关系，而应该像朋友一样平等，并能从心里尊重孩子的想法和意愿，鼓励孩子去尝试，而不是用自己的想法去干涉、限制。试想一下，就算孩子喜欢音乐而没有成为音乐家，喜欢烹饪而没有成为厨师，但把这些兴趣当成自己受益终身的技艺，不也是一件快乐的事吗？更重要的是，通过这个过程，他们体会到了父母对他们的尊重与支持，感觉父母对自己的爱。

所以，如果你发现孩子不愿意与你沟通，不妨先改变一下自己的态度，从下面两个方面去尝试：

1. 放下父母的权威，以平等的姿态与孩子沟通

很多父母经常抱怨很难与孩子沟通，其实不是孩子难沟通，是父母的要求不公平：他们要求了解孩子的内心世界，却又放不下自己的“面子”、权威，经常用一种高高在上的姿态与孩子说话。比如：

“你到底怎么想的？为什么要这样做？”

“早跟你说了，那样做不行，就是不听我的，看看现在的局面？”

“你小孩子懂什么，听我的就行了！”

……

实际上，当你这样与孩子说话时，哪怕你很想知道孩子的想法，想让孩子接受教训，孩子也很难接受，他们会想：“你们高高在上，只知道对我说教，根本就不尊重我、不理解我！”

真正尊重孩子，是你有勇气放下自己作为父母的权威，把孩子当成一个独立的有思想、有感受的个体，允许并支持孩子的想法和选择。你不想要的、不想做的、不喜欢的，不要强加在孩子身上；即使是你自己想要的、想做的和喜欢的，如果并不是孩子想要的，也不要强加在孩子身上。

比如，孩子想要养一只小狗，虽然你知道孩子可能坚持不下来，但可以这样与孩子沟通：

“我知道你喜欢小狗，但你确定自己能够照顾好它吗？”

“养一只小狗的想法确实不错，你想清楚了吗？”

“我曾经也养过一只小狗，照顾小狗是件比较麻烦的事，你感觉自己有时间吗？”

……

当你这样与孩子沟通时，孩子就会冷静下来，认真地思考自己是否真的能照顾好一只小狗。如果孩子仍然坚持，那么尝试一下也不错。

2. 站在孩子的角度思考问题，像朋友一样与孩子沟通

学会尊重孩子，一个最有效的方式就是经常把自己换到孩子的角度上，推己及人地考虑问题。尤其当我们与孩子之间出现矛盾时，不妨先问问自己：“如果别人这样对我，我会喜欢吗？”“如果这不是我的孩子，而是我的朋友，我会这样对他吗？”这两个问题就能把我们拉到孩子的位置上，去体会孩子当时的感受。如果你不喜欢这种感受，又怎么能指望孩子会喜欢呢?

几乎所有的亲子沟通问题，归结起来其实都是“视角”问题，也就是“同理心”或“共情”问题。所以，爱孩子、尊重孩子，就要学会从孩子的角度去看问题，体会孩子的内心感受。《小王子》中有句话说：“每一个大人都曾经是个孩子，只是我们忘记了。”我们忘记了，自己也曾经那么想要自己做主，一张贴纸、一辆玩具车，这些在我们父母眼里不屑一顾的事，曾经也是我们的整个世界。孩子也有同样的感受。所以尊重的前提，就是允许孩子有和我们不同的、独立的感受和想法。一旦我们的脑海中闪出“这么点小事儿”的念头时，请提醒自己，孩子在乎的事，对他们来说就是大事。

坦诚，开放的沟通才更有效

虽然我们并不想朝孩子发脾气，也不想指责、批评孩子，但孩子在成长过程中不可能永远如我们所愿，也不可能永远不犯错，在这些时候，就需要父母有高度的自制力控制自己的情绪，耐心地与孩子交流。

然而，不是每一个父母都有这样的自制力或耐心，或者正赶上父母情绪不好，孩子又犯了错，父母可能就会忍无可忍大声呵斥孩子。如果经常这样，就会影响彼此间的沟通。

实际上，当孩子表现出一些不当的言行时，父母与其刻意忍着怒气，不让自己对孩子发火，或者上纲上线地批评孩子一顿，不如坦诚、开放地与孩子沟通一下，把你此刻的想法、感受等告诉孩子，并且表示期望与孩子建立彼此信任、彼此理解的互动关系。

还有些时候，父母会由于某种原因，比如怕孩子知道真相后受到伤害，刻意对孩子隐瞒一些事情，与孩子说话也经常遮遮掩掩，结果不仅不能换来孩子的理解，还可能造成孩子的误解，让彼此的关系陷入僵局。

网上有这样一个故事：一个本来经济不太富裕的家庭，为了能让儿子"快乐"地度过少年时代，父母对儿子的各种要求都尽量满足，有时甚至会借钱给孩子买各种名牌，而自己私下却十分节俭。跟孩子沟通时，也经常跟孩子说："没关系，只要你好好学习，想要什么爸爸妈妈都会买给你。"

有一次，儿子提出要买一台电脑，因为他的朋友都有电脑用，但父亲实在拿不出钱了，只好跟儿子说："爸爸最近手头有点紧，要不过段时间再给你买好吗？"

没想到儿子大发雷霆，大声对父亲说："你故意的吧？你不是说我们家有钱吗？怎么可能连买一台电脑的几千块钱都没有？"

虽然这个家庭的经济条件很普通，但父母却不愿让儿子知道实情，担心孩子知道后自卑，一心想让孩子和其他孩子一样，过上"无忧无虑"的生活。殊不知，这种方式非但没让儿子知足，还严重影响了父子间的关系。

与孩子之间坦诚交流，才是对孩子最好的教育，孩子本来就是家庭中的一员，有权利知道家里的事情。相反，刻意隐瞒可能会造成一些误会，甚至激化彼此的矛盾。在很多情况下，孩子没有接受我们的观点或说教，问题并不在于孩子，而是在于父母，是父母没有体会孩子的想法和需求，便将自己认为对的道理强加到孩子身上。甚至在彼此沟通不畅的情况下，仍然坚持自己的观点，结果令亲子关系越来越僵。

著名心理学家武志红曾说："关系中产生的动力，就在关系中展现，不要憋在孤独中；关系中想说的话，就在关系中表达，不要憋在一个人的想象中。不然，它们容易被焖烂，并散发着腐朽的味道，破坏你的内在。"

与孩子的沟通也一样，我们在生活中遇到什么难题，或对孩子有什么想法、感受、建议等，都明明白白地告诉孩子，这些话不但不会影响我们跟孩子的关系，还会让孩子感觉自己被尊重、被父母平等对待，继而也更有安全感，更乐意接受父母的建议和观点。

那么，父母在与孩子沟通时，怎样做到坦诚相待呢？

1. 懂得适当向孩子示弱

大多数父母在孩子面前都扮演着说一不二的权威角色，似乎自己就是个永不犯错的"神仙"，殊不知，适当地向孩子示弱反而更利于亲子间的关系。尤其在与孩子沟通时，过于强势反而不如适当示弱更能换来孩子的理解，同时激发孩子的同理心和自信心。

比如，当孩子向你请教某些问题时，你解答不出来，这时有些父母就会敷衍孩子：

"小孩子哪儿那么多问题，长大你就知道了！"

"你天天琢磨这些有什么用？别瞎想了！"

这时孩子就会很失望，以后再有问题可能也不愿意问你了。

但如果你学会向孩子示弱，坦诚地告诉孩子实情，如：

“噢，这个问题妈妈也不知道怎么解答，要不我们一起查查资料？”

“你这个问题太高深了，妈妈竟然不知道怎么回答。”

“爸爸没有学过这个知识呀，看来你研究的知识比爸爸的知识都深奥了！”

通常情况下，当孩子发现连作为大人的爸爸妈妈都有不知道的事情时，就会感觉父母不再高高在上，并且也更愿意和爸爸妈妈一起学习、进步。

2. 家庭或工作中的事情不必刻意向孩子隐瞒

当我们在工作、生活中出现某些失误，或遭遇某些挫折时，与其刻意隐瞒自己的负面情绪，不如尝试用孩子能理解的方式，向孩子坦诚地陈述事情的原委。比如：

“妈妈今天在工作中遇到了一些麻烦的问题，心情不太好，所以我想安静一会儿，想想解决问题的办法，你能自己玩一会儿吗？”

“爸爸今天有点累，想休息一会儿，你可以把电视声音调小一点儿吗？”

在跟孩子说这些话时，我们要尽量保持相对稳定的情绪，既不要对孩子大吼大叫，也不要刻意掩饰自己的负面情绪，从而让孩子懂得你的情绪触发源是什么，避免孩子将错误归因到自己身上，产生自责心理。

总之，只要我们真心把孩子当成平等的家庭成员，坦诚相待，并期望与孩子建立彼此尊重、信任、开放的关系，我们与孩子的沟通就会越来越顺畅。

接纳，真正能与孩子感同身受

在很多父母看来，孩子跟老师、同学、朋友相处沟通都没问题，唯独跟自己相处时沟通困难。问题出在哪里呢？是全部出在孩子身上吗？

并不尽然。如果父母从自己身上找找原因，反思一下，想想自己的一言一行，想想你每天对孩子说得最多的话是什么，可能你就能找到答案了。

“作业做完了吗？”

“这道题怎么又错了，老师之前不是都讲过了吗？”

“期中考试考了多少分啊？”

“就你现在这成绩，还想考上高中？”

“学这些东西有什么用？能让你考上大学吗？”

……

这些话你是不是很熟悉？这些当年我们父母说给我们的、被我们当成耳边风的话，今天我们又悉数还给了孩子。回想一下当年我们的感受，从父母的这些话语中，我们能感受到什么？我们真的愿意就这些问题进行融洽的沟通吗？

有的父母说："我这是爱他，才对他有要求，才会苛责他。"但是，你这样做却忽略了孩子真正的需要是什么。不可否认，每一位父母对自己的孩子都是有要求、有期望的，或者认为孩子应该成长为什么样，如果孩子做得不够好或做不到，就会觉得难以接受，焦虑、气愤、恼怒的情绪也会随之而来，这时各种指责、挖苦的话语就出来了。

假如我们认为孩子"应该做到"，那么孩子做不到，我们自然会生气。但是，孩子真的"应该"做到吗？是不是这只是父母的一厢情愿，孩子其实"应该"是根本做不到的？如果孩子真的做不到或做不好，作为父母，你能接受吗？

有一位妈妈，向朋友倾诉了一件烦恼事。原来，她的女儿7岁，上小学二年级，她的先生特别喜欢跆拳道，从女儿5岁起，他就带着女儿学习跆拳道。可女儿学了两年后就不想学了，说自己其实一点儿都不喜欢，只是以前爸爸非要自己学，才不得不学。但现在实在坚持不下去了，说什么都不学了，为此她先生还狠狠地批评了女儿，并坚决让女儿继续学。她感到很困惑，到底是和先生站在同一战线，继续让女儿学，还是尊重女儿的想法呢？

这样的事情应该不是个例，在很多家庭中都存在：孩子喜欢的、想做的，父母认为不好、没用、不同意；父母想让孩子学的、做的，孩子又不喜欢、不想学、不想做。结果，父母与孩子之间矛盾不断，沟通自然也不会顺畅。

事实上，真正希望孩子好的话，一定是希望孩子成为最好的自己，而不是成为父母心目中最好的孩子。所以，当我们与孩子沟通时，切忌就学习讲学习、就现象讲现象，而是要弄清各种现象背后的本质是什么。比如，在上面的案例中，爸爸就可以跟女儿这样沟通一下：

“你不想学习跆拳道，那能不能告诉我，你为什么想放弃？是因为学起来太累、太苦，还是真的没兴趣呢？”

如果孩子是因为学起来又累又苦才不想学，那么爸爸要先接纳孩子的情绪，再引导孩子面对问题，千万不要一听说孩子觉得苦、累就大发雷霆，批评孩子：

“这点苦都吃不了，以后还能干什么？”

“我学了这么多年，也没像你这么怕苦怕累的！”

这样的沟通方式只会让孩子更加抗拒，让事情难以挽回。

所以，先接纳情绪，再解决问题，才能使沟通更好地进行下去，例如这样跟孩子说：

“是的，爸爸以前在学跆拳道时，也感觉很辛苦，也像你一样，有好多次几乎都要放弃了。但是，当爸爸坚持学下来后，发现学习跆拳道有很多好处……”

孩子听到这里，可能一下就与爸爸有了共鸣：“原来爸爸以前也有这种感觉啊！”并且内心还会产生好奇：“那爸爸是怎么坚持下来的呢？”

接下来，爸爸再讲讲自己的学习过程，重点讲自己当时要放弃却没有放弃的经历、想法等，让孩子感同身受。最后再说一些关于学习跆拳道的建议等，孩子也更容易听进去，并且开始思考自己的问题，最终做出自己的决定。

一定要记住，只有孩子自己得出的结论或做出的决定，她才能坚持，我们只需做个引导者和陪伴者即可。这并不是放任，而是让孩子在不断摸索和思考的过程中更加了解自己，更加清楚自己需要的是什么。

当然，孩子也可能是因为真的没兴趣学跆拳道，这时你再强迫她去学，只会让她更加抗拒，学起来也更加痛苦。试想一下：如果有人逼着我们去做一件我们不喜欢、不想做的事情时，我们会有什么感受？更重要的是，这件事可能会令孩子与父母的关系陷入僵局，难以调和。与其如此，不如坦然地接纳孩子的选择，告诉孩子：

“虽然我非常希望你能学好跆拳道，但如果你真的不喜欢，我也会尊重你的选择。”

相信孩子听了爸爸的话，一定会如释重负，同时心里也会充满感激，与父母的心也会更加亲近。

总之，当孩子出现与我们的期望相违背的问题时，不要急着去否定孩子，而是先与孩子感同身受，站在孩子的角度去了解原委，再平等地去沟通。而当我们以平和的心态接纳孩子的一切时，才会发现，其实我们根本无须那么焦虑。当我们拥有了这样的温和与理性后，在与孩子沟通时，还有什么问题不能解决呢?

合作，修复关系，让彼此都能好好说话

随着所接触人和事物的增多，孩子到了十来岁时，逐渐形成了自己的独特个性与思想，于是父母们会发现，孩子似乎越来越不听话了，经常顶嘴、说反话或发脾气。总之，不管让他们干什么，他们好像都故意跟你对着干、唱反调。

面对这种情况，很多父母往往会不顾孩子的想法和感受，直接利用自己的权威，粗暴地制止他们的“不听话”行为，并强制他们按照自己的要求执行。这种方法可能简单有效，但久而久之，就会令孩子产生反感和抵触心理，不但不利于孩子性格的养成，还会严重影响亲子间的沟通。

不止如此，在使用这种方法时，父母还要花费大量的时间和精力来监督、检查孩子的执行情况。在这期间，提醒、唠叨更是不可避免，有时还可能发生比较严重的冲突。

下面就是发生在一个父亲和他 14 岁的儿子之间的对话：

儿子：爸爸，我再玩一会儿电脑游戏，就去学习。

爸爸： 你已经玩了快一个小时了，怎么还玩？

儿子： 我这个游戏还没玩完呢，等我玩完了，马上就去学习！

爸爸： 玩什么玩，你都快中考了，学习那么紧张，怎么还玩电脑游戏，多影响学习呀！

儿子： 没事的爸爸，我是学习娱乐两不误，我马上就玩完了啊！

爸爸： 不行！你不能在游戏上浪费这么多时间，你现在不抓紧时间学习，中考考不好，有你后悔的！

儿子： 好，好，我马上去学行了吧？但我这局还没完，完了我马上就去！

爸爸： 现在，马上，关掉电脑，去学习！

儿子： 就这么一会儿都不可以吗？天天就知道让我学习、学习，真是烦死了！

爸爸： 不要抱怨，如果你不立即关掉电脑，我就把你的电脑没收！

儿子： （生气了）好吧，你赢了！我不玩了，去学习！

在这个案例中，父亲的目的达到了，儿子妥协了，关掉游戏，去学习了。可以说，父亲的解决方法获得了成功，尽管儿子很不情愿。

但是，大量的案例证明，这种方法表面看是有效的，可实际效果并不好，孩子带着不甘心、不情愿的情绪去学习，学习的效果怎么能好呢？想必孩子此时心心念念的仍然是他没有玩完的游戏，而不是眼前的作业。与此同时，因为是被父亲强迫去学习的，孩子的内心可能还有对父亲的怨恨，这就势必会影响彼此的关系。

要修复亲子之间的关系，当父母与孩子的需求出现冲突时，父母不妨抱着一种与孩子合作的态度，和孩子一起寻找一种能令双方都接受的解决方案。这样一来，当方案选定后，你也无须再要求孩子接受或遵守，因为在寻找方案的过程中双方就已经接受了该方案。在整个过程中，父母提供了信赖和支持，孩子也会对自己做出的选择产生一种责任心和承诺感，彼此的沟通也会更顺畅。

那么，父母该怎样与孩子合作，寻找双方都认同的解决方案呢？

1. 只描述你所看到的事实或问题

要想实现有效沟通，父母就要改变自己对孩子的要求、命令式的说话态度，用既不会伤害孩子自尊，又不会引起孩子逆反的方式与孩子沟通。而只描述你所看到的事实或问题，就会让孩子把注意力集中在事实或问题本身上，而不是大人的态度上。这其实也相当于用另一种更温柔的方式在告诉孩子该怎么做。

比如，在上面的案例中：

儿子：爸爸，我再玩一会儿电脑游戏，就去学习。

爸爸：我看到你已经玩了快一小时了。

儿子：呃……好像是吧！

爸爸：我担心这影响你的视力，还有你的学习……

儿子：等我玩完这个游戏，马上，马上……

爸爸：……

对于孩子来说，父母的提示要远比责备让他们好受得多，孩子也能接受并听进去。更重要的是，他们会因此而懂得下一步该怎么做。

所以，当你用最简单的语句描述你看到的事实或问题后，再坦诚地表达出你的感受，或担心，或生气，然后沉默下来，给予孩子充分的思考时间。你会发现，孩子是可以体会到父母的情绪和期待的。

2. 向孩子提出新的建议

如果孩子仍然没有做出改变，父母也可以向孩子提出新的建议，让孩子从不同角度思考或看待事物，给予孩子重新思考的机会，让孩子明白，父母的看法有时会与自己不同，是因为他们在从另一个角度思考问题，从而促使他们理解父母的想法，走出以自我为中心的限制。

仍然以上面的案例为例，如果孩子仍然不想停止游戏，爸爸可以这样说：

“儿子，我建议你每次自己限定一个玩游戏的时间，如果这次超时了，下次就要相应地减少时间，你觉得怎么样？”

“因为我觉得，如果你每次玩的时间太长的话，可能会影响学习。试想一下，如果我在该上班时看电视，是不是会影响工作？”

通过这种方式沟通，孩子也比较愿意接受，而且当孩子接收到这么多的交流和引导后，思维也会更全面。

3. 提供多个选择

如果父母与孩子之间一时不能达成共识，我们也可以给孩子多提供几个选项，但要注意，不要用二选一的方法，可以提供三个或三个以上选项，让孩子从中做出一个选择。比如，你可以这样跟孩子说：

“现在有四个选择，你可以从中选一个，你最倾向哪一个？”

“现在出现了一、二、三等几个选择，你打算选哪一个？”

这样一来，孩子不但能从中体会到父母的尊重，还能培养自主性和独立思考能力。

总之，亲子之间的沟通是一门技巧，父母有教育孩子的权利，但也有不断学习的义务。明智的父母会承认，自己要学习的内容与孩子一样多，尤其是要学习亲子之间沟通的技巧，来改善彼此的亲子关系。当然，无论是父母或孩子，只有心存对彼此的爱，凡事都保持一种弹性和可谅解的态度，那么彼此间的冲突也将消弭于无形，这既是促进家庭和谐的重要一步，也是促进孩子健康成长的关键性一步。

第三章

善于共情：比讲道理更有效的沟通方法

父母教育孩子的方法有很多种，与孩子沟通的方法也有很多种，但大多数父母与孩子沟通的方式都是讲道理。讲道理真的有用吗？并不见得。很多时候，父母越喜欢给孩子讲道理，孩子往往越不听，甚至还跟父母反着来。实际上，这是因为父母的话根本没有说到孩子心里。聪明的父母一定要学会运用正向沟通走进孩子心里，而共情就是正向沟通的第一步。父母也只有善于共情，才能与孩子建立心灵上的共鸣。

共情不是同意、附和，而是懂得孩子

近几年，很多父母对接纳孩子、与孩子共情这些教育理念并不陌生，但在实际应用中却常常遇到问题。比如，有些父母就抱怨说：

“我共情了呀，可并不好用，明明我都跟孩子说我理解他了，他还是不满意！”

“我也知道要与孩子共情，可我跟孩子说，我同意你说的，他还说我不懂他，我怎么才算懂他？”

什么是共情？

共情是由人本主义心理学的主要代表人物卡尔·兰塞姆·罗杰斯所提出的一个心理学名词。简单地说，它其实就是一种体验他人内心世界的能力。为什么现在一些父母面对孩子的问题总是无法解决？为什么一些父母与孩子沟通越来越“拧巴”？为什么亲子关系越来越不和谐？就因为父母只是将共情当成了一种“管”孩子的工具，而并没有真正地与孩子感同身受、实现共情。

共情，并不是说你同意孩子的要求，或者附和孩子的观点，就算是共情了。共情是你真正懂得并理解孩子的内心世界，并且能站在孩子的角度去思考他的问题，然后从孩子的角度去与孩子进行沟通，让孩子感受到他正被父母理解、尊重、信任，继而愿意敞开心扉与父母进行良好的互动。

只可惜，很多父母很难做到与孩子共情，所以我们经常听到父母这样跟孩子说话：

“现在是春天，你穿这么薄会冷的，为什么不听话呢？”

“我都跟你说了，不要把空调温度调这么低，你又调这么低，这多冷呀！”

“不要用洗衣机洗内衣，不卫生，你怎么就不听呢？”

“行行行，你对，行了吧？我以后再也不管你了！”

“是的，是的，你觉得对就好，我没什么想法。”

……

有时候，父母对孩子的言行看不惯，尤其对处于青春期的孩子表现出的各种另类行为看不惯，于是会忍不住提醒。可结果是，不但自己说的没起作用，彼此还闹得很不愉快，这时父母又会马上改变口径，表示对孩子的认同或附和，认为这样就是共情了，接下来就能与孩子好好沟通了。殊不知，孩子是能够察觉到父母的情绪变化的，他们不认为你的同意、附和是真的理解他们，是真的认可他们的言行，所以自然也不会与你好好沟通。

那么，父母具体怎么做，才能真正实现与孩子的共情，并与孩子实现良性沟通呢？

1. 恰当地理解孩子的情绪或想法

我们在与孩子聊天或沟通时，最好能像与朋友聊天一样，以一种真正想解决问题的态度去沟通，而不是一种始终要与孩子保持统一战线或者想息事宁人的态度。从某种意义上来说，我们与孩子其实属于一种“合伙人”关系，如果想帮孩子解决生活、学习中的问题，就一定要有合伙人的心态，从客观的角度去理解孩子的情绪和内心的情感。

比如，孩子非要用洗衣机洗内衣，如果你再强行给孩子讲道理或要求孩子按你的想法做，只会令孩子反感。所以，此时你应该听听孩子的解释，弄清他的想法，比如孩子可能会说：“手洗很麻烦，我没有那么多时间！”这时你就了解到，孩子也许最近学习时间比较紧，或者有其他活动占用了手洗的时间。

在了解孩子的想法或情绪后，你就可以这样对孩子说：

“儿子，你最近学习是不是比较忙？老师又给你们加压了吧？”

“你最近与球队一起踢球，占用了不少时间吧？”

这样一来，你就替孩子说出了他的有情绪或想法的根源，找到了问题的本质，孩子才会认为你是懂他的。也只有当孩子认为你是真正理解他、懂得他时，父母才能与孩子进行下一步的沟通。

2. 帮助孩子解释并表达出他的情感

通过上面的分析可以看出，共情并不是孩子说什么，父母就要附和什么，时时刻刻都对孩子说“你说得对”“你做得对”。这不但达不到共情的效果，反而还会令孩子失去认识自我、反省自我的机会。

所以，要做到与孩子共情，既要能理解孩子的想法和情感，有时还需要接纳孩子的不良情绪，并帮助孩子把他的情感表达出来。

下面是一个妈妈和刚刚从幼儿园回来的女儿之间的对话。

妈妈：你今天看上去不太开心哦！

女儿：嗯，今天老师表扬了李佳。

妈妈：噢，那是因为老师没有表扬你，你有些失落吗？

女儿：我不喜欢张老师了！

妈妈：对啊，怎么不表扬我们呢？我们也很乖啊！

在这段对话中，妈妈就是在附和女儿，可能孩子听完妈妈的话感到满意了，但妈妈却没能引导孩子对这件事进一步思考：“老师为什么没有表扬你呢？”导致孩子对老师更加不喜欢。

如果换一种方式沟通：

妈妈：你今天看上去不太开心哦！

女儿：嗯，今天老师表扬了李佳。

妈妈：噢，那是因为老师没有表扬你，你有些失落吗？

女儿： 我不喜欢张老师了！

妈妈： 你肯定很努力，也希望得到张老师的表扬，但却没有得到。

女儿： 对呀，我就比李佳收拾好书桌晚一点点。下次，我一定要再快点收拾书桌！

通过以上两段对话的对比可以看出，孩子需要的并不完全是父母的认同，还有父母对孩子情绪的回应以及正确的解释和表达。很多时候，孩子可能弄不清事情的原委，也不能准确表达出自己的情感，这时就需要父母帮助孩子梳理情绪，然后引导孩子自己找到解决问题的方法。这样，你与孩子的沟通才更有效，孩子的问题也才能真正获得解决。

孩子最期待来自父母的心灵感应

很多时候，我们觉得孩子的情绪喜怒无常，根本摸不清、摸不准，明明是为他们好，可他们总是不领情，还说父母不理解他们。所以越来越多的父母开始抱怨："现在的孩子太难管了！"

真是如此吗？

我们想象一下，如果你的孩子放学回到家后，情绪很低落，甚至很气恼，这时你的第一反应是什么？是觉得孩子在没事找事，太任性，还是觉得孩子一定遇到了不愉快的事，自己应该跟他沟通一下？

相信有一部分父母一定是这样跟孩子沟通的：

妈妈：这是怎么了？谁惹到你了？

儿子：还不是我们数学老师！

妈妈：数学老师怎么惹着你了？

儿子：今天上午第一节课是数学，我就迟到了2分钟而已，他就当着全班同学的面批评我，太不给我面子了！我觉得在同学面前的脸都丢光了！

妈妈：我还以为多大的事儿呢，至于生这么大气？老师批评你，也是为你好，让你以后长点记性，不要赖着床不起！

儿子：妈，你到底帮着谁说话呀？不但不安慰我，还帮着老师一起批评我，懒得跟你说，你根本都不理解我！

孩子在学校里被老师批评了，心情很不好，回到家向妈妈倾诉，此时孩子想要的是妈妈的理解，可妈妈却否定了孩子的感受，认为这根本不是什么大事儿，况且老师批评他也是为了他好……于是，孩子觉得妈妈根本不理解自己的感受，沟通也被迫停止。

相反，如果妈妈换一种方式与孩子沟通，结果可能就完全不同了。比如，在听完孩子说完原因后：

妈妈：噢，这样确实让你挺没面子的。

儿子：就是啊！多大点事儿，当着全班同学的面批评我，简直尴尬死了！

妈妈：是的，想想确实很尴尬，如果是我被人当着这么多人批评，我想我也会很尴尬的。那你以后就稍微早点起床吧！

儿子：好吧，我再把闹钟调早一点儿，以后再也不被他抓住！

妈妈：嗯，那妈妈也要早一点儿给你做早餐了。

儿子：谢谢妈妈。

面对孩子的委屈和不满，妈妈没有否定孩子的情绪和感受，而是全然地与孩子感同身受，虽然只是简单的几句话，但却让孩子感受到了妈妈的关心和理解，孩子原本的抱怨情绪也渐渐平息，甚至自己找到了解决问题的办法。

孩子与父母虽然是两个独立的个体，有着不同的感知体系，但是，孩子却非常期待来自父母的心灵感应，希望父母能站在他的角度来考虑他的问题。聪明的父母会不随意评判行为的对错，而是先去感受他的情绪。

遗憾的是，现实中的很多父母在与孩子沟通时，都很难让孩子感受到他们之间的心灵感应，尤其在听到孩子的抱怨、诉说时，经常犯下面的两个错误：

1. 急于否定孩子的话语

上面的第一段对话中，妈妈的做法就是第一时间否认了孩子的话语，“多大的事儿”“老师也是为你好啊”，这听起来很像是孩子在小题大做，根本不值得生气，因此也根本不给孩子诉说和解释的机会。孩子被老师批评一通，心里本来就很难过，回到家想跟妈妈倾诉一下，没想到又被妈妈说了一通，心里的感受可想而知。

湖南卫视曾做了一个名为《少年说》的栏目，其中一期里有这样一个片段。一个小女孩站到台上，边哭边大声对台下的父亲说：“爸爸，您能不能试着相信我一次？”

原来，爸爸经常不相信女孩说的话，批评女孩不好好学习、不爱护妹妹。如果女孩写作业时拿起手机查单词，爸爸就会说她在玩手机，不论她怎样解释都没用。女孩在家里和妹妹发生了任何冲突，爸爸都认为是女孩的错，是她故意为难妹妹。

观众都以为，女孩能勇敢地站在台上这样向爸爸喊话，爸爸应该能安慰一下她吧，没想到台下的爸爸竟对女孩说：“你上学时也学过孔融让梨的故事，古人都知道以大让小，这还用我再教你吗？”

这位爸爸对自己不理解孩子的行为闭口不谈，反而还否定了女孩的话，讲起了道理，结果令台上的女孩哭得更伤心了。

我们不敢揣测这样的亲子关系未来会走向何方，但不可否认的是，父亲的言行已经深深伤害了女孩的心，同时也让女孩的心离父亲越来越远，以后的沟通很难再正常进行。

2. 否定孩子的想法和感受

相较于语言形式上的否定，孩子的想法和感受得不到父母的认同和理解，会令他们更加难受。比如，一些父母看到孩子不高兴，就会这样说：

“小孩子哪有那么多不开心呀！”

“听我的，爸爸妈妈都是为你好！”

“你这样想，马上就会知道你自己是错误的！”

“被老师批评也是你有错，有什么可抱怨的！”

“别天天想些没用的，现在你的学习最重要，其他不要跟我说了！”

……

以上这些沟通语言，只会让孩子离我们越来越远，以后沟通起来也会越来越困难。只有善于觉察孩子的情绪，努力去感应孩子的想法和感受，并理解孩子情感背后的需求，继而表达我们对孩子的理解和接纳，孩子才会真正感受到父母是与自己是同频共振的。

丹尼尔·高曼在《EQ》一书中写道：“亲子之间长时间缺乏同频，对孩子有巨大影响。”在孩子的世界里，对精神的需求要远大于对物质的需求。当父母学会体会孩子的感受、理解孩子的想法、认可孩子的决定时，就是在与孩子同理共情，孩子也会因此而更快乐、更乐于与父母交流。这样的沟通方式，才算是真正的非暴力沟通。

理解孩子的感受，同时分享自己的感受

孩子在成长过程中，难免会出现情绪不佳的时候，也难免会犯错误，此时就需要父母进行适时、适当的引导和教育。而随着孩子的逐渐成长，他们希望能受到父母重视和尊重。但我们又发现，父母和孩子之间经常出现各种沟通问题，深究这种矛盾，其实主要源于父母与孩子的需求不同所致。

比如，你的孩子今天想静一静，而你特别想关心他；你的孩子想要获得安慰，而你却对他发了脾气；你的孩子特别想让你辅导他学习，而你觉得他应该自己完成作业；你的孩子希望你能理解他的感受，而你只想跟他讲道理……一旦这些现象出现了，孩子就可能对你关上心门，从此你就很难再听到他的真实想法了。

在电影《狗十三》中有这样一个情节：父亲送给女儿李玩一只小狗，李玩很喜欢这只小狗，还给它取了个名字叫“爱因斯坦”。但是，后来爷爷不小心把“爱因斯坦”弄丢了，李玩伤心不已。

爸爸觉得就是一只狗而已，没什么大不了的，为了安慰李玩，他又买回一只小狗送给李玩，还让这只小狗叫“爱因斯坦”。可是李玩仍然高兴不起来，还在家里大闹了一通，爸爸为此生气地动手打了李玩一顿，还骂她“怎么这么不懂事”！

这就是典型的缺乏同理心。在李玩看来，那个叫“爱因斯坦”的小

狗虽然其貌不扬，但却是唯一的，其他的狗再好看、再可爱，都不是“爱因斯坦”，也代替不了曾经的那只小狗给她带来的温暖和快乐。而家人却没有站在李玩的角度，理解她的感受和情绪，反而觉得：我已经对你这么好了，你怎么还无理取闹？怎么还不满意？

当孩子的感受和情绪一次次被忽略，父母自以为是的说教和唠叨只会让孩子的心情跌入谷底。孩子感到父母完全不理解自己，也不支持自己后，渐渐地自然就不想再与父母沟通了。

这就是家庭中父母与孩子之间十分常见的分歧，而且这种分歧往往是因为父母总以自我为中心，不能理解孩子的感受，总认为自己才是对的。在这种情况下，父母最常跟孩子说的话就是：

“早跟你说过了，这样不行，你就是不听！”

“你总是不听我的话，现在弄成这个样子！”

“你怎么老这样，就不能控制一下自己吗？”

“你又犯什么错了？老师总是让你请家长，你就不能听话点吗？”

“这件事都怪你，才变得这么糟糕！”

……

经常用这样的话语与孩子沟通，试想一下，孩子又怎么愿意与你交流呢？

智慧的父母在孩子出现问题时，首先想到的不是指责孩子，而是先与孩子共情，再用下面的方式来与孩子进行沟通：

1. 洞悉和理解孩子的感受

我们拿上面《狗十三》的案例来说，当爷爷把“爱因斯坦”弄丢后，李玩是很伤心的。如果这时爸爸能理解李玩的感受，那么他就不会批评、指责孩子，也不会忙着再给她买一只狗代替“爱因斯坦”，而是先与孩子共情，比如对孩子说：

“‘爱因斯坦’走丢了，我知道你很伤心。”

“你很担心它在外面出现意外，对吗？”

“让我们一起想想办法，看看怎么才能把它找回来。”

这时，孩子才会觉得你是理解她的，而不是责怪她不听话、不懂事。本来丢了心爱的小狗，孩子已经很难过、很伤心了，爸爸再来责怪她，甚至动手打她，试想她当时有多伤心？

所以，在孩子遇到问题时，我们通常应先去洞悉和理解孩子的感受，比如对孩子说：

“你尝试的这种方法再一次失败了，这让你很挫败吧？”

“现在的局面很糟糕，我看到你很难过，你是怕我责怪你，对吗？”

“你刚刚又发脾气了，其实你也不想这样，所以现在你很自责是吗？”

“妈妈看到你很难过，老师让你请家长，你担心爸爸妈妈会批评你，是吗？”

……

2. 向孩子分享自己的感受

当你向孩子表达了你的共情和同理心后，接下来就要向孩子表达你的感受，比如可以这样对孩子说：

“其实我能理解你现在的心情，每个人都曾经失败过，我以前也有过类似的经历，确实感觉很糟糕……”

“虽然现在事情不太好收场，但这也不能全怪你，我也不会责怪你，我们一起想想办法吧……”

“看到你发脾气，我很惊讶，但如果是我的话让你这么生气，那爸爸可以向你道歉。”

“爸爸妈妈不会怪你，我们能理解你害怕被嘲笑的心情。”

……

短短的几句话，就把你的经历、感受与孩子联系在了一起，并且真正抓住了孩子内心的需求点。孩子听完父母的这些话后，也会立刻感觉多了一份理解，甚至是多了一点儿同盟者的力量，内心也会暗暗松一口气。

当孩子的感受在被我们理解、接纳的过程中放松或平复之后，接下来我们就可以与孩子讨论解决问题的具体方法了，而孩子因为得到了父母的理解，在沟通和解决问题过程中也会更加积极、主动。

减少说教，允许孩子为自己辩解

大多数父母在教育孩子时，都习惯以“过来人”的身份自居，习惯以自己的经历、经验等对孩子进行说教，要不然就喋喋不休地反复唠叨孩子，并且还希望孩子能听话、能按照自己的要求和期望行事。然而实际上，说教和唠叨是最无效的教育方式之一。

教育，确实能让孩子在言行和态度上有所改变，但教育不等于说教。而且在很多时候，父母苦口婆心的说教不仅不会改变孩子，还会让孩子更加厌烦，更加想要远离父母。所以我们会看到，很多孩子不愿意跟父母聊天，也不会主动与大人讲太多自己的想法、感受等。哪怕有些孩子会与父母交流，可能也是迫不得已，说是“交流”，其实就是默默地坐在一边听大人训话。

孩子为什么会有这些表现呢？因为在他们看来，父母的很多话根本说不到自己的心里，他们也根本无法从父母那里获得一些有效的帮助。与其如此，不如逃得远远的。

这都是孩子的错吗？并不见得。

我们可以想象一个场景：孩子放学回来后，跟你倾诉：

“爸爸，我这次考试的成绩不太好，我自己也感觉不满意，觉得自己的努力都白费了，不知道接下来该怎么办了。”

这时你会怎样回应孩子呢？

常见的回应方式可能是：

“那你要多努力呀！成绩不理想，说明你还是不够努力！”

“那你可以跟老师交流交流呀，看看自己哪些地方学得还不够扎实。现在得好好学习，不然以后就没出息……”

“什么叫努力白费了？这肯定就说明你根本没努力！平时不能少看点电视、少看点电脑、多看点书吗？现在知道后悔了吧！”

“那还能怎么办？要想把学习搞上去，肯定就要再多花些时间！”

……

从类似这样的对话中我们可以看出，父母对孩子说的话确实没什么有效帮助，无非就是不够努力、没跟老师交流、少看电视、多看书、多花些时间……但这些就是根本原因吗？对此父母并不关心。

其实，以上道理孩子可能都懂，只是没有掌握科学的方法，或者没有做好时间管理等，这才导致成绩上不去。但如果这时孩子为自己辩解一下，比如：

“我已经很努力了！”

“我几乎不看电视、不看电脑了呀！”

“我觉得自己可能没有掌握好的学习方法，如果爸爸能帮我分析一下……”

父母立刻又开始了自己的说教：

“不要给自己找借口，努力了成绩怎么会上不去呢？”

“上课要专心听讲，课堂知识很重要！”

“你得想办法提高学习效率，不能死记硬背！”

“要找到自己没考好的原因，不能天天稀里糊涂的。”

……

以上这样的对话，很多父母和孩子肯定都不陌生。除此之外，还有其他各种各样的说教。但是，这样的交流却丝毫无益于孩子的学习和成长，孩子的困惑无法从父母这里找到解答方法，而孩子的情绪和感受也没有被父母所接受和理解，孩子听到的只有父母的说教、唠叨。当孩子稍微为自己辩解一下时，又会被父母说成是在“找借口”“想逃避”。试想一下，哪个孩子还会愿意继续跟父母沟通呢?

著名企业家李开复曾经说过，教育孩子一定要“多授渔，少授鱼；多做，少说”。“授渔”，其实就是引导孩子掌握思考的能力、学习的能力和解决问题的能力。而要做到这一点，首先就要先想办法让孩子能够“听”进你的“传授”。孩子怎样才肯听？这就需你先做到理解他、尊重他，能与他感同身受。只有孩子愿意坐下听你说了，你才能把你的“渔”传授给孩子。

因此，父母应该这样来与孩子沟通：

1. 停止说教，先处理孩子的情绪

不管孩子是在学习上遇到了难题，还是犯了错，他的情绪肯定都会产生波动。这时，他需要的往往不是父母马上给他提供一个解决问题或纠正错误的方法，而是先理解和接纳他的情绪。

比如，孩子在考试中没考好，那么父母要先这样说：

“考试没考好，你挺难过吧？”

“成绩下滑，你感到很着急吧？”

“是的，努力了这么久，成绩还是不太理想，我能理解你的心情。换作是我，我也会很郁闷！”

这样适当地表达对孩子心情的理解，可以让孩子的情绪慢慢平复，接下来再考虑解决问题的方式。

2. 允许孩子辩解，并从孩子的辩解中寻找有效信息

在试着与孩子一起解决问题时，我们可能会说到一些孩子不想听的话，如：

“你感觉自己最近的学习状态怎么样？是不是学习不太专心？”

“是不是知识点掌握得不够扎实？你有与老师和同学交流过吗？”

这时，孩子可能会为自己辩解，比如会说自己学习状态很好、平时学习也很认真等等，这既是一种下意识的自我保护行为，也可能孩子的确是这样做的。但无论如何，我们要给孩子为自己辩解的机会。只有这样，我们才能与孩子进行下一步的沟通。

3. 认可孩子的努力，引导孩子自己解决问题

当我们认同了孩子的辩解后，就可以趁机认同孩子的努力，表示我们是信任孩子的。这时，如果孩子之前并没有真的努力，那么此时就会产生一种内疚、自责的心理，之后也会在这方面进行改变；而如果孩子之前确实努力了，但问题没有解决，那么接下来他也更愿意听从父母的建议和帮助。

但是，这并不表示父母就要为孩子提供所有解决问题的方法，父母要做的，是引导和启发孩子自己去寻找方法。只有这样，孩子才有成就感，不会认为自己是被父母说服的。因为父母的说服，往往就意味着他们的失败；父母的道理越多、越充足，就显得他们越无能。

所以，聪明的父母此时会从判断对错、给予方法的高高在上的权威位置上退下来，减少强硬的说教和掌控的欲望，通过提问的方式，引导孩子自己说出答案。而孩子只有说出他自己内心的答案，他才有可能遵照自己的意愿而做出改变。

给予闹情绪的孩子以理解和帮助

网上有这样一则新闻：

一个12岁的男孩，深夜跑到一家酒店的大堂里，躺在大堂的沙发上不肯回家。酒店工作人员劝他回家，并表示要帮他联系家长，但男孩不肯回家。无奈之下，工作人员只好报警，寻求民警帮助。

民警赶到后，又耐心地询问男孩，男孩才回答说，自己因为不想写作业，跟父母吵架后才跑出来的，并且表示不想回家。当民警联系到男孩父母时，男孩的父母已经焦急地在外面寻找好几个小时了。

男孩的行为虽然有些偏激，与父母闹情绪后就离家出走，但不可否认的是，孩子一定是与父母的沟通出现了问题，才导致这种情况发生。

闹情绪、发脾气，几乎在每个孩子身上都曾出现过。每当孩子出现这些状况时，我们的情绪也会受到影响，出现许多负面情绪，因此也容易对孩子说出类似下面的话：

“多大点儿事，你就要哭着喊着离家出走！”

“你怎么这么脆弱，动不动就哭！男子汉不许哭！”

“这么点儿小事也值得你生气？真够小气的！”

“我看你今天就是故意找碴儿！”

……

还有些父母在看到孩子闹情绪时，不会训斥、批评孩子，而是跟孩子讲大道理。比如，当孩子抱怨老师把自己排得太靠后时，有的父母会说：

“一个班那么多孩子，老师不可能每个都顾得过来，你要学会适应环境！”

当孩子抱怨最近学习很累时，有的父母说：

“等你以后进入社会就知道了，学习简直是最轻松的一件事！”

当孩子跟同学闹矛盾时，有的父母说：

“要跟同学友好相处，别动不动就闹别扭，小孩子之间能有多大的矛盾？”

殊不知，跟孩子说这些几乎都是白费力气，不仅如此，还可能引起孩子的反感。因为此时孩子正处于比较激烈的负面情绪中，根本听不进任何道理。而且总喜欢给孩子讲道理，不去理解孩子的感受，对孩子的情感其实是一种忽视，久而久之还可能影响孩子的心理健康。

事实上，孩子闹情绪时，背后一定有他的原因和相应的需求，此时孩子最需要的是父母的理解和帮助，而不是不问青红皂白的指责和冰冷的道理。试想一下，当我们自己怒火冲天、悲伤难过时，别人批评指责我们，或给我们讲一堆大道理，我们能冷静、理性地接受吗？成人尚且如此，何况理性和自控能力远不如成人的孩子呢！

所以，智慧的父母此时会先接纳孩子的情绪，表达对他们的理解，让孩子把情绪发泄出来。

1. 给予孩子共情式理解

所谓共情式理解，其实就是换位思考，站在孩子的角度来理解孩子。

比如，当孩子跟同学吵架后，回到家里很不高兴，你就可以这样对孩子说：

“我知道，你跟同学吵架了，肯定很难过。”

“如果我是你，我也会像你一样，很生气、很难过。”

“这件事确实挺令人气愤，我很理解。”

孩子抱怨老师今天因为某件事冤枉自己了，你就这样对孩子说：

“那你一定很生气吧？”

“噢，那太糟糕了！你当时肯定很愤怒吧？”

“是的，我很理解。如果我是你，我也会感到委屈的。”

当孩子感到自己的情绪被父母理解后，他们也会更快地平静下来。如果孩子此时委屈地哭出来，你也不要劝阻他，只需要静静地在旁边给他递纸巾，让孩子将情绪发泄出来。等孩子宣泄完情绪后，我们再和孩子商讨怎么做的话题。

2. 如果孩子需要，我们可以适当为孩子提供帮助

如果孩子仅仅就是想闹闹小情绪，那么等他宣泄完之后，事情也就过去了，孩子该干吗就干吗了。如果孩子是因为遇到了难题才闹情绪，在他宣泄完情绪后，我们也可以这样问问孩子：

“你现在感觉好些了吗？需要我的帮助吗？”

“这件事你可以自己处理吗？或者你需要我怎么帮助你？”

“如果你需要我的帮助，你可以告诉我。”

这样一来，我们不仅表达了对孩子闹情绪的理解，还表示了对他的支持，事情就可能会朝着更好的方向发展。

除此之外，父母还要注意的是，最好不要试图去控制孩子的情绪，或者要求孩子控制情绪，否则，这些负面情绪反而可能对孩子产生更大的困扰。情绪淤积在孩子心里，总有一天会爆发出来。比如，有些父母看到孩子哭，就大声呵斥孩子：“别哭了，哭有什么用！”这时我们就

是在试图控制孩子的情绪，而控制情绪的冲动来源于我们对情绪的负面评价，认为有情绪是糟糕的，是软弱的表现，但其实情绪就是一个人在遇到不开心的事情时所表现出来的最为正常的一种生理反应。所以，此时我们更提倡用恰当的言行对孩子的情绪表示理解、接纳，等情绪问题处理好了，再去沟通和处理问题，就容易多了。

感同身受地向孩子道歉

一位女演员曾经参与录制一档综艺节目，在节目中，她需要先送大儿子去上学，然后带小儿子到医院做体检。在送大儿子上学时，她答应孩子下午会准时来接他放学。但是，由于小儿子体检耽误了时间，虽然妈妈紧赶慢赶，还是未能按时接到大儿子。这让大儿子很不开心。

妈妈也知道，这件事是自己没有遵守承诺，于是就非常诚恳地向大儿子道歉："妈妈在带弟弟体检时耽误了时间，所以迟到了，对不起，希望你能原谅妈妈，好吗？"原本闷闷不乐的大儿子，在听完妈妈的道歉后，很快就开心起来了。

说起向孩子道歉，很多父母感到不解："小孩子懂什么，过一会儿就好了，道什么歉啊！""哪有向孩子道歉的道理，那不是惯着他们吗？"

殊不知，家庭就是一个小型的社会，父母与孩子之间也是平等的关系。当孩子做错事时，我们会要求孩子道歉；那么当父母犯了错，或者错怪了孩子后，为什么不能向孩子道歉呢？这不仅能教会孩子理解哪些是正确的，哪些是错误的，而且对彼此间的沟通和亲子关系的和谐也有很大的促进作用。就像美国教育家斯特娜夫人所说的那样："一个勇于承认错误、探索新的谈话起点的父母，远比固执、专横的父母要可爱得多。"

但是在很多时候，父母可能为了面子、威严等，即使明知道自己做错了，也不愿意向孩子承认自己的错误；或者也想向孩子道歉，但道歉时态度并不认真。比如经常这样对孩子说：

"我又不是故意的，你这么较真干吗？"

"行了行了，我下次注意，有什么可生气的！"

"好了好了，我错了还不行吗？多大点事儿，你还没完没了了！"

"行了，我向你道歉，别哭了，这还值得哭这么久？没出息！"

……

以上这些说法，很容易导致孩子认为做错了事也没关系，不需要道歉；或者认为道歉不是一件严肃认真的事，而是一件可以敷衍的事或可耻的事。久而久之，孩子的是非观念就会受到影响，日后在与人交往时，即使自己犯了错，也不知道到底错在哪里，或者不想道歉，继而影响到以后的为人处世、人际关系等。

事实上，当父母犯了错后，学会并敢于向孩子道歉，才是与孩子之间实现良性沟通的明智之举。因为懂得认错的人，往往都具备一项很重要的能力——共情能力，也就是同理心。而且懂得认错的父母，也会把对孩子的尊重与爱体现得更为浓烈，并教会孩子懂得反省自己。英国教育家斯宾塞就曾说过："受委屈的孩子很少会去反省自己有什么过错，因为愤怒和不平占据了他们的心灵；而被感动的孩子则常常反省，因为感动增加了他们内心的勇气和智慧。”

可见，父母向孩子道歉并不是什么丢面子的事，相反，能够及时认错，不推卸责任，不迁怒他人，感同身受地向孩子道歉，既能让孩子感受到来自父母的尊重和信任，又能让孩子更有同理心和分辨对错的能力，在犯错后也能懂得及时反省自己的过失和不足，有担当，有责任感。

所以，当我们意识到自己犯错后，就要通过下面的方法向孩子道歉：

1. 及时向孩子承认自己的错误

在教育孩子过程中，学会认错是一件非常重要的事。父母学会向孩子承认自己的错误，其实是在向孩子传递一种明辨是非和责任担当的观念。如果我们明明犯了错，比如在过马路时闯了红灯，孩子也看出我们的行为是不对的，可我们仍然不愿意承认错误，反而跟孩子说：

“怕什么，马路上车又不多，没事的！”

“这不是赶时间嘛，闯红灯也没关系！”

“偶尔闯一下红灯没关系的，不天天闯就行。”

这就很难帮助孩子建立起正确的是非观，孩子会很困惑：闯红灯到底对不对？既然不对，为什么爸爸妈妈会闯？难道赶时间时闯红灯就是对的吗？如果闯红灯是对的，为什么爸爸妈妈以前又告诉我闯红灯是不对的呢？

如果经常有这样的事情发生，孩子的是非观就很容易出现混乱。

相反，如果我们做错了事后，及时跟孩子道歉，如：

“对不起，爸爸刚才闯红灯了，实在是不应该，爸爸道歉，下次一定不会再这样做了！”

“很抱歉，妈妈刚才不该那样对你发脾气，我向你道歉，请你原谅我。”

“真的对不起，我弄坏了你的玩具，现在我帮你把它修好可以吗？”

“对不起宝贝，我错怪你了，这件事是爸爸不对！”

……

通过这种方式，我们其实是在告诉孩子，只要犯了错或伤害到他人，就应该及时承认错误，真诚地向别人道歉，这是一种非常勇敢的行为，而不是一件羞耻的事。

2. 通过写信的方式向孩子道歉

一位妈妈与女儿之间发生了口角，导致女儿搬离家中，母女两人一年多都没有交流。

在这期间，妈妈虽然也知道是因为自己的错，才让女儿离开家的，但始终拉不下面子当面跟女儿道歉。最终，妈妈忍不住给女儿写了一封信，告诉女儿：“其实妈妈很早就意识到自己错了，是妈妈对不起你，请你原谅妈妈吧！”

女儿收到信后，当时就给妈妈打了电话，并且在电话里大哭起来：“妈妈，你终于能理解我了！”

很多时候，即使父母犯了错，孩子也不会真正记恨父母，而他们满心期待的不过是父母的一句道歉。当然，有些父母可能明明想向孩子道歉，却始终不肯放下自己的面子和权威，导致与孩子之间的沟通陷入僵局。在这种情况下，给孩子写一封信或者发个短信，说一句“对不起”，孩子可能马上就能原谅父母，再一次回到父母身边。而孩子也会因为你的那句“对不起”，慢慢成长为一个具有同理心、敢于担当、是非观念明确的身心健康的人。

第四章

有效批评：了解孩子的心理特征，破解孩子的怪异言行

孩子在成长过程中，总会不可避免地犯错，这时父母就会对其进行批评。但是，如何批评孩子，既不会伤害孩子的自尊心，又能让孩子意识到错误并且主动改正呢？这就需要父母先弄清孩子犯错的原因，破解孩子的一些怪异言行，然后再运用恰当的方法和技巧批评、引导孩子。要知道，你的批评方式会直接影响孩子看待错误与不足的方式。一旦父母在批评孩子时带有自己的负面情绪，在孩子心中留下的，就可能是被扭曲的错误人格印记。

孩子出现不良言行，粗暴制止没效果

孩子因为年幼，自控能力较差，难免会出现一些不当的言行，如说脏话、说狠话、撒谎、发脾气，或者出现攻击行为等。每当这时，有些父母就会立即粗暴地批评或制止孩子，要求孩子马上停止这些行为，比如这样对孩子说：

“不许再打小朋友，听到没？”

“你怎么能说脏话呢？不学好，给我闭嘴！”

“你学会撒谎了？这是跟谁学的‘本事’？”

“你怎么这么不听话，再不听话看我怎么收拾你！”

……

这些话语真的能让孩子改正自己的行为吗？或许短期内是有效的，孩子出于对父母的敬畏，暂时控制了自己的言行。但实际上，这些话语并不能让孩子意识到自己的行为有不当之处，而且在我们没有弄清孩子出现这些行为背后的原因时，只是简单粗暴地制止孩子，也很难起到良好的沟通作用。

那么，孩子为什么会出现类似以上的不良行为呢？

一般来说，孩子出现不良的行为主要有下面三个原因：

第一个原因就是寻求关注。

很多人都有渴望被关注的感觉，包括我们成人。想象一下，当我们成为别人目光的焦点，享受着别人的关心爱护，内心是不是会产生一种满足感？如果你有这种感觉，那么孩子同样会有，而且孩子对这种感觉比成人更加渴望。

而一旦孩子发现自己没有被父母或老师关注时，就可能会做出一些不当行为，或者说出一些故意引起大人关注的话，如脏话、狠话，以吸引大人的注意力，但其实他们想通过这种方式告诉父母："我心情不好，我想要你的安慰。""我需要你抱抱我！""我希望你能关注我！"

第二个原因就是争夺权利。

有些父母在想要让孩子做事时，就会对孩子发号施令，这就容易引起孩子的反感情绪。比如，你经常这样对孩子说：

"赶快出门吧，不然又迟到了！"

"马上去写作业，天天要我提醒你才肯写，磨磨蹭蹭的！"

"快点吃饭，吃完饭我们要出发了！"

"不要再看电视了，看起来就没完没了！"

"不许再吃零食！"

……

每当这时，孩子就会感觉自己没有了主动权，于是也会通过一些不良言行来争夺自己的权利，比如与父母顶嘴、对父母的话听而不闻、故意磨蹭等，以此来向父母表示抗议。

第三个原因是孩子出于一种自暴自弃的心态。

有些父母对孩子过度严苛，不管孩子怎么做，父母都觉得不满意。

久而久之，孩子就会对自己失去信心，觉得自己说什么都不对，做什么都做不好，于是就彻底放弃了自己，不管父母再说什么，都是一副无所谓的消极态度。

然而，在很多时候，父母并不能理解孩子这种言行背后的真正原因，认为孩子的这些言行就是没礼貌、学坏了、无理取闹，因此会马上制止、教育孩子，甚至对孩子进行惩罚，让孩子“记住教训”，以此约束孩子的种种“不良言行”。可父母越是这样做，孩子内心的失落感与无助感就越强，甚至会认为父母不再爱自己了，继而影响彼此间的正常沟通和亲子关系。

那么，面对孩子的这些不良言行，我们该怎么做呢?

1. 先理解孩子的情绪，再寻找原因，解决问题

不管孩子说了什么或做了什么，在孩子有负面情绪的时候，我们都不要急着去粗暴地制止他或纠正他，而是先看到孩子的情绪，并对孩子的情绪表现出同理心。

当然，这里有个前提，就是孩子的言行不能影响到别人，倘若孩子对着别人说脏话或攻击别人了，不管出于何种原因，我们都要及时制止孩子，然后再寻找原因、解决问题。如果没有影响到别人，那就先帮助孩子平复情绪，比如耐心地对孩子说：

“你现在很生气是吗？你希望我抱抱你吗？”

“妈妈发现你好像很不高兴，需要我陪你坐下来冷静一下吗？”

“我知道你现在一定很不开心，否则不会说出那样的话。”

……

当孩子发现我们关注的并不是他说的脏话、狠话或他的错误行为，

而是他的情绪时，他就会感觉自己被父母理解和接纳了，内心也会慢慢平复下来。等孩子的情绪平复后，我们再跟孩子沟通，比如这样对孩子说：

“你能告诉妈妈，刚才为什么那样说话吗？”

“你觉得自己那样的行为对吗？”

“如果再遇到这种情况，你除了说脏话或狠话外，有没有其他的表达方式呢？”

……

通过这样的沟通，我们不仅让孩子认识到他的言行不当之处，同时也是在帮助孩子，让孩子学会更多的解决问题的能力。

2. 主动暂停自己与孩子的冲突，平复情绪后再面对问题

当孩子出现不当言行，或者故意与父母对抗时，硬碰硬并不是最有效的方法。因为在愤怒状态时，不管是父母还是孩子，都会说出很多伤人的话，这对于彼此间的沟通有害无益，甚至可能加重彼此间的矛盾。

因此，在我们发现孩子有不当言行时，不妨主动喊个“暂停”，用“暂停”代替自己对孩子的批评，让彼此都冷静下来，等情绪略微平稳一些后，再与孩子去沟通、解决问题。比如可以先这样对孩子说：

“停！我们都先冷静一下，停止！”

“暂停！我需要冷静一下。”

“请你先停止你的狠话，我们都需要冷静一下情绪！”

当彼此感觉情绪都平复一些后，再坐下来认真沟通该如何解决问题，比如让孩子用更合适的语言代替脏话、狠话来表达自己的感受，或者耐心地说出自己的需求，而不是使用暴力等。

总而言之，所谓的“问题孩子”，通常都是因为他们还没有掌握恰当的表达内心感受和需求的能力，所以，我们不要一味地盯着孩子说了什么话，也不要只看到孩子表现出什么不当的行为，而要学会关注孩子这些话语和行为背后没有被正确疏导的情绪和欠缺的能力。只有这样，我们才能减少与孩子之间的误会，与孩子之间建立起良好的沟通。

没有充满操控的沟通，就没有叛逆的孩子

有一部影片叫作《叛逆青春期》，其中有这样一个片段：

读高中的女儿早恋，被妈妈发现了。面对妈妈的质问，女儿大声说道："我谈恋爱怎么了？我又不是小孩子了，你还管得着吗？"说完，"砰"的一声摔门而出。

半夜了，女儿还没有回来，爸爸焦急地在外面寻找，而此时女儿正跟同学在外面喝酒唱歌。

在家里同样焦急等候的妈妈，想起了女儿小时候说过的话："以后我长大了，一定做个听话的孩子。"妈妈潸然泪下……

说起孩子的叛逆问题，相信父母都不陌生。不知道从什么时候起，孩子与以前的"乖宝宝"形象突然判若两人，不再愿意听父母和老师的话，动不动就跟父母、老师较劲、顶嘴。也因为孩子的这些表现，所谓的"叛逆期"几乎成了父母和老师的噩梦。

其实，孩子之所以有与以前完全不同的表现，是因为孩子的自我意识、自我力量开始出现，独立意识逐渐增长，孩子希望摆脱对父母、老师的依赖，希望建立自我认同，从而表现出自己的特立独行和与众不同。

从这个角度来看，孩子叛逆恰恰是他们不断成长的标志。尤其在孩子进入青春期后，生理和心理发育逐渐成熟，开始有了自己的思想与主

张。有时可能为了表达自己这种独立性，会故意表现出与成人世界格格不入的样子。这时，如果父母表现出对他们行为的不认同、看不惯，或者想继续控制孩子，比如对孩子说下面这些话：

“千万不要早恋，你还小，不懂什么是爱情，而且早恋太影响学习！”

“你赶紧把你的桌面收拾一下，你看乱得都没地方写作业了！”

“怎么还不写作业？磨磨蹭蹭的，你看看都几点了？”

“赶快起床呀！再不起床要迟到了！”

“周末跟我去那个辅导班看看，我再给你报个辅导班。”

“你看你，就知道玩儿，你看看人家××，成绩那么好，再看看你！”

……

这时候，孩子就会产生抗拒心理，即：你越让我这样做，我偏偏就不这样做，我要自己做主，不想再被你干涉。

心理学上有个“罗密欧与朱丽叶效应”，就是当出现干扰恋爱双方

爱情关系的外在力量时，恋爱中双方的情感反而更强烈，恋爱关系也会因此而更牢固。

孩子的许多叛逆表现，恰恰就是“罗密欧与朱丽叶效应”的体现。这时父母的管教、干涉等，他们不但不会听，反而还会更加抗拒，于是亲子之间也会变得剑拔弩张，沟通难以顺利进行。

在弄清孩子出现叛逆行为的原因后，我们在与孩子沟通时，就要尽量减少操控性的沟通，多采取孩子更容易接受的话语来与孩子交流。

1. 少命令，多商量

当你希望孩子做什么时，最好不要直接命令他，更不要轻易批评他，而是尽量用商量的语气和孩子说。比如，你希望孩子不要早恋，可以这样跟他说：

“早恋是人生中的一种很正常的情感，即使出现也是很正常的，但如果想让这份情感开花结果，我觉得现阶段还是应该先充实自己，让自己变得更优秀、更强大，你觉得呢？”

如果你想让孩子整理一下他的桌面，可以这样说：

“周末你休息时，能整理一下你的桌面吗？妈妈觉得你的桌面上东西有点多，写作业的地方有点小。”

如果希望孩子能按时起床，可以这样说：

“你自己尽量控制好时间哈，早一点儿起床才不容易迟到。”

……

以这样的方式与孩子沟通，孩子就会觉得父母与自己不是上下级的“领导”关系，而是平等的关系，父母是尊重和理解自己的感受和看法的，那么孩子也会愿意回馈给父母一个良性的沟通状态。

2. 少批评，多肯定

虽然孩子出现一些不当言行，父母可以批评孩子，但对于有叛逆行为的孩子还是应该少批评，多给予他们一些肯定和认同，多看到孩子表现好的地方，不要整天拿着放大镜去挑剔孩子这里不行、那里不对。孩子从父母这里得到的肯定越多，就越愿意配合父母的要求。

现在，很多父母一发现孩子身上有自己看不惯的地方，就难以心平气和地跟孩子说话，一开口就是这样的：

“今天老师可跟我说了，你这次考试成绩不好，说说吧，你到底怎么回事？”

“都跟你说一万遍了，学习能不能专心点！”

“你看看你写的字，跟螃蟹爬过一样，就不能认真点写吗？”

……

这些话，本意是为孩子好，但在孩子听来，就是父母故意挑剔自己，跟自己找碴儿。久而久之，孩子不仅内心反感，还会对其出现“无感”，你唠叨你的，我该怎样还怎样，你的话丝毫影响不到我。与其如此，父母不如把这些宝贵的“机会”留给那些真正需要批评的事，平时多看看孩子表现好的地方。当真正需要批评孩子时，再认真地对孩子说：“爸爸妈妈有件事想和你谈谈。”

3. 少拒绝，多认可

对于孩子的一些要求，如果不是特别原则性的问题，我们不妨尽量认可；即使是原则性的问题，需要拒绝时，也尽量使用比较温和的话语，如：

“你牙齿不大好，我觉得再吃甜食可能会加重你的牙齿问题。”

“我感觉你刚才的行为有点儿不太礼貌。”

“总喝冰水的话，对肠胃不太好，我觉得你应该注意一下。”

事实上，要想让孩子不“叛逆”，父母该少做什么、多做什么，我们还能列举出很多，但从根本上说，只要遵循以上三点，就可以减少亲子之间的很多沟通障碍。总而言之，我们尽量多给孩子一些空间，多给孩子一些主动权，一些不大不小的非原则性问题，不妨就让孩子自己做主。在这种比较宽松的环境下，我们再对孩子进行一些建设性的、温和的引导，孩子才更愿意接受和听从。试问一下，有多少父母在教育孩子时，是靠着“这个不许那个不行”的操控行为，把孩子教育好的呢?

孩子拒不认错，父母怎么说更有效

下面是一位妈妈与女儿之间的一段对话：

孩子：“妈妈，我都说了，这块玻璃不是我弄破的！”

妈妈：“不是你弄的，那还能是谁弄的？”

孩子：“您怎么不问问我爸爸呢？我看到了，是我爸爸弄的！”

妈妈：“你还狡辩？我都问过爸爸了，根本不是爸爸！”

孩子：“那您再去问问奶奶，也可能是奶奶弄的呢，为什么非说是我呢？”

妈妈：“因为我看到了！”

孩子：“也许你看错了呢！”

……

可能很多父母都会发现，有时明明孩子犯了错，哪怕是“人赃并获”，但他们就是不承认，甚至还会编出各种各样的谎言，把错误推到别人身上，想尽一切办法为自己开脱。如果父母追问得紧了，孩子就会与父母争吵甚至哭闹、耍赖，但不管怎么说，仍然是拒不承认自己的错误。

面对这样的孩子，每个父母都会很头疼吧？不过你有没有想过，孩子为什么会这样？我们通常只看到孩子犯错这个结果，有没有思考过孩子这样做背后的原因是什么？

网上有这样一篇文章：

一个三年级的男孩，把自己的考试成绩从57分改到了87分，被妈妈一眼就识破了。妈妈非常生气，觉得孩子这么小，不但不好好学习，还学会撒谎骗人了。于是，妈妈就严厉地批评了孩子，并且要求孩子认错，没想到男孩仰着头大声说：“我没错，也不是我不想考高分的！”说完还一副你要打便打，反正我绝不认错的“大义凛然”样。

妈妈更生气了，准备狠狠地揍孩子一顿，看他以后还敢不敢撒谎。

这时，爸爸下班回来了，了解情况后，忙哄着男孩跟妈妈认错，可男孩一下子就哭了，说：“认错也没用，上次我考试没考好，妈妈把我的试卷都撕了，可是她也没跟我认错呀！我这次不想让她生气，才改了分数的……”

从这个案例中，我们可以看出，孩子有时明知道自己做错了，却不肯承认，背后一定是有原因的。而这个原因可能是父母平时太过严苛，一旦发现孩子犯错，就会严厉地批评、惩罚孩子；或者是父母没有给孩子做好榜样，即使犯错了也没有向孩子道歉、承认错误。父母是孩子的第一任老师，其行为方式也会直接地影响孩子的言行。在父母的严厉管教或影响下，孩子就会认为，父母从来不跟自己承认错误，却要自己向他们承认错误，这对自己很不公平；或者也学大人一样，为自己狡辩，以掩盖自己的错误。

了解到这些原因后，那么再遇到孩子犯错后不肯承认时，我们就要先从自己身上找找原因，继而再用恰当的语言与孩子沟通，而不是继续像以前一样，过度惩罚孩子。

1. 停止对孩子的追问、盘问，诚恳地与孩子沟通

很多父母在面对孩子犯错而没有主动承认时，都会不停地追问、盘问孩子，逼着孩子认错，比如这样对孩子说：

“我的化妆品瓶是不是你打碎的？打碎怎么不承认？”

“你还跟我狡辩，我明明看到是你打碎的！”

“你还不说实话，信不信我揍到你说实话！”

然而当孩子认错后，父母反而再次严厉地斥责、批评孩子，目的是希望孩子能记住教训，不要再犯同样的错误，比如这样批评孩子：

“跟你说过多少次了，不要乱动我的东西，没长脑子吗？”

“小孩子不学好，学会撒谎了，真该狠狠地打你一顿！”

“早承认不就行了吗？为什么问这么久都不承认？今天晚上别吃饭了，看你能不能记住教训！”

父母的心情可以理解，都是希望孩子变好，但是，不管是孩子还是成人，在生活、学习和工作中都会不可避免地犯错，而犯错就必然会有原因。尤其对于孩子来说，与其揪住他的错误不放，不如认真找出他犯错的原因，然后再耐心地引导孩子怎样避免错误，和孩子探讨一下下一步该怎么做，这样孩子才能真正从错误中吸取教训。严苛的批评、斥责，只会加重孩子的心理负担，孩子以后再犯错时，也会因为担心惩罚而更加不敢承认，从而错过反思自己、总结经验教训的机会。

所以，与其惩罚孩子，不如耐心地与孩子沟通一下，了解孩子犯错背后的原因，再有针对性地帮助孩子解决问题。比如这样跟孩子沟通：

“妈妈觉得你这样做一定有原因，愿意跟我说说吗？”

“爸爸知道你不是故意犯错的，你能告诉我你的想法吗？”

“这件事已经无法挽回了，那么我们就来想想怎么补救吧！”

“妈妈不会责怪你，我只想了解一下情况，看我能不能帮你想想办法。”

……

孩子原本就因为犯错而有自责、内疚的心理，现在见父母不但没有批评、惩罚自己，还帮助自己一起想办法，内心就会生出对父母的感激和信任。下一次，孩子也一定会吸取教训，不会再惹出同样的麻烦了。

2. 父母要以身示范，敢于向孩子认错

琪琪不愿意遵守约定，妈妈批评了她。“这没有什么大不了的。”琪琪说。妈妈有些生气了：“你养成这样的毛病，还有谁会信任你呢？”

看到妈妈生气了，琪琪说道：“您也是这样，没见您有什么麻烦呀？”

“你是什么意思？”妈妈问道。原来，妈妈曾经好几次答应琪琪去参加学校的活动，却食言了。妈妈听后，沉思了一会儿，说：“琪琪，我没有意识到自己的行为对你造成的影响，我真的很抱歉，你能原谅我吗？”琪琪听到妈妈的道歉很感动，并且认识到了自己的错误。

父母就是孩子的榜样，父母的教育方式孩子也许不会模仿，但父母的一言一行孩子一定会模仿。如果父母在做错事后，能够及时向孩子承认错误，并且向孩子诚恳地道歉，那么孩子也会潜移默化地受到影响。

所以，如果父母犯了错，不妨放下权威、放下面子，诚恳地向孩子承认错误：

“对不起，妈妈刚才不应该那样跟你说话，妈妈向你道歉，请你原谅妈妈。”

“我很抱歉，没有及时来接你，你一定很着急吧？妈妈下次一定改正。”

“爸爸很抱歉，答应你的事情没有做到，希望你给爸爸一个弥补的机会。”

……

知错能改，善莫大焉。即使是成人，也有犯错的时候，认个错并不是什么难事，而且，勇于承认错误，善于改正错误，是给孩子树立的最好的榜样。孩子也会在父母的一言一行中受到影响，以后犯错时也会及时承认、积极改正，这样才能不断修正自己的不足，收获更好的成长。

温和的讨论代替严厉的斥责

我们经常会发现，一些孩子经常言辞激烈地与父母“顶嘴”：

“你凭什么总说我不对，难道你事事都对吗？”

“你怎么都看我不顺眼，那你别看我好了！”

“为什么 ×× 可以那样，我就不可以？”

“你什么意思？天天不管我就受不了吗？什么事都要管我！能少管我点儿吗？”

……

每次听到十来岁的孩子，用这样桀骜不驯的语气与父母说话，我们都感觉很心痛。

孩子为什么习惯用这种挑衅意味十足、“顶嘴”的对抗型沟通方式来与父母沟通呢?

究其原因，其实还是源于父母平时与孩子的沟通方式出现了问题。在很多家庭中，父母与孩子的说话方式往往是这样的，动不动就责骂、斥责孩子。一旦发现孩子犯了错，或者做了让自己不满意的事，就会这样跟孩子说话：

“说，下次还敢不敢了？”

“自己说，你错了没有？”

“一点儿礼貌都没有，闭上嘴！”

“你敢跟我顶嘴了，翅膀硬了是吧？”

“你怎么这么不懂事，真让我丢脸！”

……

在这种情况下，即使孩子真的犯了错，他也很难认识到自己的错误，更不愿意接受父母的批评。

教育家陈鹤琴曾说过，孩子幼小的心灵极易受到伤害，任何粗暴武断的教育方式都是不合时宜的。只有用温和的方式，才能走进孩子的心灵。

有一个寓言故事，讲的是北风和南风比谁的威力更强大，看谁能先让行人把大衣脱掉。北风为了显示自己的威力，就用冰冷刺骨的风不停地吹着行人，结果行人为了抵御北风的寒冷，把大衣裹得更紧了。轮到南风时，南风徐徐吹动，天空顿时风和日丽，阳光明媚，行人感觉很暖和，就把大衣脱了下来。于是，南风获得了胜利。

可见，南风采用更温和的方式，往往比北风粗暴的方式更有效果。与孩子沟通也是一样，你用温和、尊重的态度与孩子沟通，其效果一定胜于严苛冰冷的沟通方式。尤其在孩子出现不当言行时，你若严厉地斥责孩子，也就相当于用冰冷的北风在吹着孩子，孩子为了自保，就会把自己封闭起来；相反，你用温和如南风般的语言与孩子耐心地沟通，孩子才更愿意敞开心扉，也更愿意接受父母的教导。

所以说，要与孩子实现良性沟通，父母就要尽量减少对孩子的斥责。哪怕孩子确实犯了错，应该批评，也尽量用温和的讨论来代替严厉的训斥。

那么，父母具体该怎么做呢？

1. 态度可以严肃，语言一定要温和

孩子犯错后，内心都会有些担心被爸爸妈妈批评，这是一种潜在的心理负担。而一旦被父母严厉地斥责、批评了，下次孩子出于自保的本能，就可能作出“心理防御”，尽量不让自己的错误被父母发现，或者为了不被父母批评，在父母面前说谎。

但是，如果能用温和的语言与孩子讨论他所犯的错的话，孩子的心里就会获得一定的宽慰，紧绷的神经也会放松，情绪稳定时，也更容易接受父母的教导和建议。

当然，这不是说父母在与孩子沟通时就要与孩子嘻嘻哈哈打成一片，相反，态度是一定要严肃的，这样才能让孩子正视自己的错误，只不过所运用的语言要尽量温和，比如这样对孩子说：

“宝贝，我们来聊一聊，能跟我说说你今天这样做的原因吗？”

“虽然今天的事情让我很生气，但我还是想听听你的想法。”

“这次考试的成绩确实不太好，我想跟你商量一下，看看怎么样才能把成绩提上去。”

“我看到你最近一回来就玩电脑，我想了解一下，你玩的什么这么吸引人？”

……

这样一来，孩子就知道你不是为了批评、教训他才跟他谈话，而是真正想了解他、帮他解决问题的。并且用这种温和的语言来征求孩子的意见，也会让孩子感觉到自己被尊重，孩子也会很乐意配合你来解决问题。

2. 用无痕式的“引领”来与孩子沟通

什么是无痕式的“引领”呢？其实就是父母用一种很自然的、顺畅的沟通方式来与孩子交流，从而在沟通过程中打动孩子，让孩子理解父母的言行，接受父母的引导和建议。

比如，孩子在饭桌上不好好吃饭，剩下很多，爸爸很生气，就对孩子说：

“你每次吃饭都这样，动不动就剩饭，多浪费！这些粮食都是我们辛辛苦苦赚钱买来的，一点儿都不知道珍惜！”

孩子听完爸爸的训斥，可能会感觉很委屈、很不开心，也可能很生气，扔下筷子就离开了饭桌。

而妈妈看到后，觉得这件事虽然孩子有错，不应该剩饭，但爸爸的语气太严苛了，孩子可能很难接受，于是就换了一种方式，这样对孩子说：

“我理解你并不是真的想剩饭，更不想浪费粮食，只不过早晨确实吃不下那么多，那下次我们就少盛一些。爸爸那样批评你，确实让你很难过，换作我，我也会不高兴的。所以，希望你不要把爸爸的话放在心上。”

孩子听完妈妈的话，想到自己剩饭确实有错，也就意识到了自己不对的地方。那么下一次，孩子一定会避免这种情况再次发生。

妈妈的这种教育方式，就属于无痕式“引领”，她既没有给孩子讲大道理，也没有像爸爸那样严厉地批评孩子，而是耐心地与孩子沟通，温和地解决问题，在不知不觉中打动孩子，让孩子心悦诚服。

总之，孩子在成长过程中难免会犯错，父母也会不可避免地要批评孩子，但怎样批评更有效，更能让孩子愿意接受，这是有策略和方法的。父母善于用温和讨论的方式来代替对孩子严厉的斥责，往往能让孩子更深刻地意识到自己的错误，从而让沟通在一种理性、平和的氛围下进行，让孩子在潜移默化之中改正错误，成为更好的自己，岂不是两全其美？

有效批评和适当鼓励，帮助孩子提升能力

孩子一出生，在衣食住行方面都要依赖父母的照顾，这既是父母的责任，也是让孩子更好成长的必要条件。然而随着孩子一天天长大，他们就要试着自己去做一些力所能及的事，如洗手、吃饭、穿衣服、整理玩具等。再大一些，他们还要学会自己洗衣服、收拾房间，或者帮助爸爸妈妈做一些力所能及的家务等。

但是，也有这样一些孩子，他们做什么事都显得能力不足。比如在写作业时，很多家庭中都会出现“不写作业母慈子孝，一写作业鸡飞狗跳”的现象，父母在一旁卖力地教，孩子却什么都听不懂，更不要说顺利地写完作业了！这时，一些父母就会压抑不住自己的怒火，对孩子大发雷霆：

“我都讲这么清楚了，你怎么还不懂？”

“你到底有没有听我讲啊？这还不明白吗？”

“你怎么这么笨，这还听不懂吗？”

“你是想直接把我气死吧，你写的这是什么啊！”

……

这些情形，不少父母都不陌生吧？

除此之外，还有些孩子，在做其他事时也经常搞砸。比如，与同学交往时畏畏缩缩，不敢主动；交给他一件事，如果不是手把手教他做，他就说不会、做不好。这时，一些父母也会感到很“崩溃”，大声批评孩子：

“我都教你好几遍了，你怎么还不会？”

“你是不是就想把我气死？”

“你脑子里到底在想什么？我都教了五遍了，你还不会！”

……

孩子的这些表现确实会让父母比较操心，甚至会令父母产生严重的挫败感，似乎怎么教都教不会孩子，也帮不上孩子的忙。到底该怎么办，才能解决孩子的这些问题呢?

实际上，如果你的孩子也有类似的表现，那只能说与他们的真实动机有关。比如写作业，我们都知道，这是孩子自己的事，不管作业有多少、题目有多难，他都必须要完成。而父母一参与进来情况就变了，有些父母嫌弃孩子写得慢，就会自己动手帮孩子写。渐渐地，孩子就会出现依赖心理：反正有爸爸妈妈帮忙，我根本不需要写那么快嘛！这种惰性一旦形成，不管是写作业还是做其他事，孩子都会出现习惯性无能现象，事事都想依靠父母，等着父母来帮忙。在这种情况下，你想只通过几句批评来改变孩子，几乎是不可能的。但如果不及时纠正，反而可能让孩子形成依赖型人格，这时想再纠正就更难了。

那么，我们应该如何纠正孩子的这一动机呢?

1. 在有效批评的同时学会放手，让孩子自己承担后果

有些父母面对孩子的依赖，一边愤怒地斥责着孩子，一边又伸手帮助孩子，这种做法很不可取，因为你的批评、斥责会让孩子越来越觉得自己是无能的，做什么事都是不行的，同时又在接受着你的帮助，变得越来越有依赖性。

与其如此，我们不如在跟孩子沟通后，放手把孩子的事情交给孩子来做，并且让他自己承担后果。当然，在放手前，我们还是应该对孩子之前的行为给予适当批评，让孩子认识到自己的问题，比如这样跟孩子说：

“妈妈发现，你太过于依赖我们了，其实这都是你自己的事情，理应你自己来负责。”

“太依赖爸爸妈妈，你的能力就永远不能提升，所以从今天起，这些事情就由你自己来做。爸爸妈妈相信你，只要努力、认真，你就能做好。”

……

说完后，就把事情交给孩子自己做。比如，没有了父母的帮助，孩子写作业会写到很晚，第二天可能会因为起床晚而迟到，甚至会被老师批评。这时他就会记住教训，慢慢就知道要尽快写完作业睡觉了。

这里需要注意的是，放手让孩子自己做事，让孩子自己承担后果，并不等于让孩子的处境雪上加霜。孩子熬夜学习，还要早起上学，已经够痛苦了，这时如果你还喋喋不休地批评孩子：

“活该，早就说让你快点写，就是不听！”

“天天迷迷糊糊的，哪像个能读好书的样子！”

“看你记不记住教训，干什么都拖拖拉拉的！”

这些话反而更容易激发孩子的反抗情绪，甚至让孩子因此而自暴自弃。

2. 接受孩子在某些方面的不足，不要事事苛责孩子

当然，有时孩子不能按时完成作业，或者做不好一些事情，既有可能是依赖心理作祟，但也可能确实是能力达不到，比如跟不上学习进度，没有掌握做事的方法等。这时父母仍然坚持让孩子自己承担后果，孩子就可能一直跟不上学习进度、一直做不好事情，最后更加焦虑、退缩。

面对这种情况，父母就要先弄清楚孩子到底是犯懒，还是确实存在某些不足。如果是孩子能力所限，那就要接纳孩子的这些不足，不要不断地批评、指责孩子，而是慢慢引导孩子，给孩子学习和成长的时间。

3. 鼓励孩子去勇敢尝试，逐渐培养孩子面对挑战的勇气和信心

要帮助孩子克服某方面的能力不足，父母就要多花些精力在孩子身上了。比如，孩子不敢跟陌生人说话，你要做的不是指责他“胆小鬼”“真没用”，而是陪他先慢慢跟熟悉的人说话、交流。当孩子能主动跟熟悉的人沟通时，再鼓励他跟不太熟悉的人去交流，以此慢慢培养孩子面对挑战的勇气和信心。

同时，父母还要对孩子表现出来的一点点进步给予及时的表扬，鼓励孩子再接再厉，不断提升孩子的自信和独立性，这也是帮助在某些方面表现不足的孩子的有效途径。

用建设性的批评代替破坏性的批评

孩子的自尊心是与生俱来的，这本来就是人的一种天性。有些时候，孩子缠着父母说话，喜欢在别人面前表现自己，喜欢听到父母或别人的表扬，这些都是自尊心与自我意识的表现。如果我们不了解孩子的这种与生俱来的意识，不尊重孩子的内心感受，一旦发现孩子身上有让自己不满意的地方，就责骂孩子，往往会令孩子无所适从，甚至心生恐惧、怨恨，既破坏了孩子的主动性和积极性，又伤害了孩子的自信心和自尊心。

美国的儿童心理学家就曾经对父母不当的批评对孩子的成长和人格的影响做过深入研究，结果发现，在批评孩子时，父母使用具有破坏性的语言会严重伤害孩子的自尊心，这些语言包括使用难听的字眼责骂孩

子，或用侮辱、压制、强迫、威胁、挖苦等过激的语言来批评孩子等。研究还发现，父母在气急败坏时，很容易控制不住自己的情绪。

“你怎么这么没用，这点儿小事都做不好！”

“我真不明白，你怎么能做这样的蠢事！”

“跟你说过多少次了，不要再犯这样的错误，你怎么就记不住，没脑子吗？”

“动不动就哭，哭能解决问题吗？没出息！”

……

父母的这样一句批评，可能会在孩子幼小的心灵上刻下伤痕。而事实上，孩子能够主动接受批评，积极地改正错误，并不是因为他受到父母的批评，自尊心受到了损害，而是因为他们感受到被父母关注、被父母期许，他认为自己是重要的、是有希望的，所以才愿意朝着好的方向去发展。

那么，当孩子出现不当行为后，我们该怎样批评孩子，才既不会伤害到孩子的自尊心，又能让批评有效呢?

我们先来对比一下下面两段对话：

孩子：妈妈，我还想再买个玩具。

妈妈：你怎么还要买玩具？上周不是刚给你买了乐高吗？天天就知道买玩具，从来没见你学习有这么积极过！

孩子：可是，那个乐高我已经不喜欢了……

妈妈：那也不买！学习不认真，还要买玩具，没见过你这么不听话的孩子！

在这段对话中，妈妈因为孩子要买玩具而批评了孩子，但批评的却是牵连了孩子的其他缺点。批评孩子学习不积极、不认真，就知道买玩具，这其实就是一种破坏性的批评。如果经常用这种语言批评孩子，孩子即使犯了错，也不会因此而引发任何思考，反而可能认为自己的品质有问题，“不认真”“不积极”“不听话”，甚至是无法改变的。经常处于这种“否定”环境下，孩子就会逐渐对自己丧失信心，产生不安、自卑、焦虑等情绪。

反之，如果这位妈妈这样与孩子沟通：

孩子： 妈妈，我还想再买个玩具。

妈妈： 还要买玩具？嗯，玩具很好玩，我也喜欢玩。不过你上周才买的乐高吧，我记得你说要给我拼个火车呢，等你拼出多个造型后，我们再考虑买新玩具好不好？

我们批评孩子，不是为了发泄自己的情绪，而是为了让孩子认识到

自己的错误，继而改正错误。所以在批评孩子时，一定要让孩子知道自己错在哪里，并且引导他向着更积极的方向前进。这就是建设性的批评。

由此可见，用建设性的批评代替破坏性的批评，不仅能帮助孩子及时认识到自己的错误，反思自己的行为，还能让孩子在父母的建议下积极修正自我、完善自我，朝着更好的方向成长。

那么，在面对孩子的错误时，父母该怎样运用建设性的批评呢？

1. 对事不对人，不要伤害孩子的自尊

无论在任何时候，父母在批评孩子时都要只对事不对人，不要用伤害孩子自尊心的言语，如“蠢”“笨”“没出息”等，这只会令孩子的表现越来越糟糕。心理学家研究发现，虽然“痛苦”会令人改变，但长期的“痛苦”只会让人想要抗拒、逃离，一些极端的人甚至会因此而堕落、放弃自己。这也是很多父母心里常有的疑惑：为什么孩子小时候骂他几句管用，久而久之或孩子长大些后，再骂他就没效果了呢？那是因为违背人性需求的暴力沟通方式，都不会长久地发挥作用。

说到这儿，有些父母可能觉得，孩子犯错时，不把孩子骂彻底点，他就记不住教训，以后还会再犯。其实并非如此，让孩子改正错误的从来不是父母的严厉批评，而是孩子知道怎样做才是正确的、才是父母所期待的。

比如，孩子考试没考好，你大骂孩子一顿，孩子并不一定因此就好好学习，反而可能自暴自弃。相反，如果你换个方式对孩子说：

“你这次考试数学确实没考好，但我看了你的语文和英语考得都不错。我想，如果接下来你能把精力稍微放一些在学习数学上，我相信下次你的数学也会取得好成绩。”

“我们一起来分析一下，你的数学没考好的原因是什么？找到原因，我们就知道怎么学习更有效了。”

相信我们这样只针对事情本身来与孩子沟通时，孩子也更愿意虚心地接受我们的建议。这要比你劈头盖脸地批评孩子一通更有效果。

2. 批评时态度要明确，并表示给予孩子改正的机会

我们常说，在表扬孩子时，一定要表扬具体的事情，而不是只会说“你真棒”“你真厉害”。批评也是如此，一定要明确地告诉孩子我们在批评他什么，以及为什么会批评他，让孩子清楚地知道自己到底哪些地方做错了。

比如，孩子放学后没有及时回家，而且回来后还撒谎了，这时父母肯定会很生气，但我们一定要明确告诉孩子：

“你放学没有及时回家，这样我们会很担心你。而你回来还撒谎，这更是不对的。”

建设性批评的最终目的，是要让孩子认识到自己的错误，并且改正错误，所以在批评之后，我们还要给予孩子改正错误的机会，比如这样对孩子说：

“爸爸妈妈相信你可以调整好自己，下次不再犯这样的错误。”

“我相信你也知道自己这样做不对，但我更相信你能改正错误，不再重犯。”

以上的沟通方式，不但不会破坏与孩子之间的亲子关系，对于孩子的成长也能起到积极的、正向的促进作用。与此同时，再为孩子提供一

些有建设性和指导性的建议，可以让孩子更切实地发现自己的不足，进而弥补错误。这样一来，孩子才会向着更加积极的方向成长和发展。

巧妙地拒绝孩子的无理要求

现在很多家庭中的孩子都是独生子女，从小几乎是要风得风、要雨得雨。孩子小时候还好说，毕竟比较容易“糊弄”。而随着孩子的逐渐长大，他们的要求也变得越来越多，有时一旦父母不能满足或不想满足，孩子就可能各种不满意、闹情绪。所以我们也经常会在网上或各类新闻中看到这样的事件：孩子想要名牌衣服、名牌鞋子，父母无法满足，孩子就对着父母大喊大叫；孩子想要什么，父母没答应，批评了孩子几句，孩子就要离家出走……

网上有一位妈妈向网友求助：

她儿子今年15岁，学习等各方面表现都不错。但上高中后，孩子说同学都有苹果手机，自己也想要一个，说可以在上面上辅导课、上网课等。妈妈觉得，普通的手机就能满足这些需求，但孩子执意要苹果手机，说其他同学都是苹果手机。禁不住儿子的软磨硬泡，妈妈只好给他买了一部苹果手机。

然而拿到手机后，儿子并没有按照他之前说的那样，利用手机学习，而是下载了很多游戏，每天放学回来就在房间里玩游戏，成绩直线下降。

妈妈很生气，就没收了儿子的手机，还批评了他几句，没想到儿子竟然以绝食、不上学、不学习等行为威胁妈妈。这下这位妈妈急坏了，不知道该怎么办了。

实际上，当孩子向妈妈提出要买一部苹果手机时，妈妈的处理方式就错了，她没有仔细与孩子沟通手机的用处，以及如何安排使用手机的时间，导致孩子拿到手机后完全沉溺于游戏之中。当孩子成绩下降后，妈妈又直接以批评孩子、没收手机的粗暴方式处理问题，结果引起了孩子的反抗情绪，导致事情无法收场。

这种情况在很多家庭中都存在，比如妈妈带着孩子到超市购物，孩子被货架上的一个新颖的玩具吸引住了，于是就会有类似下面的对话：

妈妈：“你家里已经有这样的玩具了，不要再买了。”

孩子：“不行不行，这个跟我那个不一样，我就要买！”

妈妈：“可这个跟你那个并没有什么太大差别呀，玩法也差不多，买了没什么意义！”

孩子：“不嘛，我就要买！求你了妈妈，给我买一个吧！”

妈妈：“不买，都有那么多玩具了，还要买！你怎么这么不听话呢！”

孩子：“那你不给我买，我就不走了！”（接着孩子就开始撒泼耍赖）

妈妈：“好吧好吧，给你买还不行吗？但就这一次啊，下次不能再这样了！”

当然，面对哭闹、耍赖的孩子，妈妈十分愤怒，也可能大声批评孩子一通，然后拖着孩子离开超市……

孩子的这些无理要求，大多数父母肯定都经历过。如果满足了孩子，可能会令孩子得寸进尺，以后想达到什么目的就跟父母哭闹耍赖；如果直接拒绝孩子，并批评孩子一通，又可能会导致亲子之间的矛盾激化，此后再也难以顺畅地沟通。

那么，面对孩子提出的要求，父母到底该怎样跟孩子沟通，才能既不会伤害亲子关系，又能让孩子愉快接受呢?

1. 判断孩子的要求是不是合理

著名心理学家李子勋曾说，孩子的需求一般都集中在三个方面：陪伴、探索和确认自己的重要性。所以，当孩子提出一个需求时，我们就可以通过这三个方面来判断，弄清孩子的需求到底属于哪一种。

比如，当家里来客人时，孩子大喊大叫，那么孩子很可能是希望得到你的关注和陪伴，希望你把注意力放在他身上。这时如果你大声批评孩子，孩子就会很受伤。相反，如果你告诉孩子：

“爸爸知道，你是希望爸爸陪你，不过现在爸爸有客人，你这样大喊大叫有些不礼貌哦！等爸爸跟客人说完话，就陪你玩游戏好不好？”

当你这样耐心地向孩子解释后，孩子就会明白，他这样做已经影响到了别人，要学会考虑别人的感受，同时他也得到了爸爸的关注，心理获得了满足，自然就不再吵闹了。

2. 用“可以”代替“不”

有时候，当孩子满怀希望地向父母提出了一个要求，比如：

“爸爸，我想学滑冰。”

“妈妈，我想周日跟同学一起去爬山。”

如果父母认为孩子的要求是不合理的，可能就会一口拒绝，甚至还批评孩子瞎胡闹，如：

“不行！学什么滑冰，功课那么紧，学那玩意儿有什么用？考学能加分吗？瞎胡闹！”

“爬什么山？周末我们要一起去看爷爷奶奶呢！我已经跟爷爷奶奶说好了。”

这就会令孩子很受伤，让孩子从满怀希望一下子跌入失望里，此时他的第一个反应就是不接受。接下来他可能就会反抗，采取各种各样的方式向父母提出抗议。

儿童心理学家指出，父母频繁地对孩子说“不”，同时批评、嘲讽、指责孩子提出的要求，是一种最不恰当的拒绝方式。这会让孩子感觉自己被父母拒之门外了，内心会非常委屈甚至愤怒。

怎样才不会让孩子产生这种感觉呢？最好的方法就是用“可以”代替“不”。

说到这，有的父母可能会很不解：不是应该拒绝吗？怎么还能说“可以”呢？

说“可以”，其实就相当于先给孩子一个期盼，用委婉而不是直接批评、否定的方式来拒绝孩子的要求。比如，你可以这样对孩子说：

“想学滑冰？这个想法不错。不过你现在学习这么紧张，滑冰会占用你很多时间哦，我建议你最好先把学习搞上去再考虑滑冰，你觉得呢？”

“要去爬山呀？可是爷爷奶奶老早就说想你了，你不去的话，他们肯定会失望的。要不，下周再去爬山？”

通过这样的沟通，孩子听到的就不是父母的直接拒绝，而是同意了他的要求，只是他要实现这个要求，还需要先做一些其他事情。这样一来，孩子就获得了一个缓冲的时间，心里也会比较容易接受父母的建议，先做好眼前更重要的事，而暂时放下自己提出的要求。

第五章

订立规矩：父母会说话，孩子才更愿意遵守规矩

孩子就像一棵稚嫩的小树苗，在成长过程中，需要父母的爱、照顾、欣赏、信任。但同时，一棵小树苗要长成参天大树，还需要不断地对其进行修修剪剪，使其不会长歪长偏。孩子也是如此，父母只有尽早为孩子订立规矩，规范孩子的言行，才能让孩子成长得更优秀。但是，为孩子立规矩也是个“技术活”，需要父母掌握正确的沟通方法。只有父母会说话、说对话，孩子才更愿意遵守规矩，从而养成良好的习惯和优秀的品格。

规矩不是为了控制孩子，而是为了赢得合作

俗话说，没有规矩，不成方圆。在生活中，很多父母都想给孩子订立规矩，让孩子因此而变得懂事、听话。在订立了各种各样的规矩后，还要不断耳提面命地告诉孩子：

“在马路上走路要小心，不要乱跑！”

“在学校里不能跟小朋友打架！”

“没有经过爸爸妈妈允许，不能随便拿爸爸妈妈的东西。”

“要有礼貌，见了家里的亲戚、朋友要主动说‘你好’，离开时要说‘再见’。”

“每天放学回家必须先写作业，写完后才能玩。”

“在班级里学习成绩要保持前五名，否则就给予相应惩罚。”

“一个月只能买一次玩具，如果不听话，就一次都不行。”

……

总之，几乎每件事都可以列出规矩，要求孩子遵守。如果孩子学会了遵守现在的规矩，父母马上又会列出十几条新的规矩来。

可是父母渐渐就会发现，这些规矩并没有让孩子因此而变得听话、懂事，相反，孩子却越来越表现出逆反情绪，不想遵守规矩，甚至故意破坏规矩。为什么会出现这样的情况呢？

因为这些规矩让孩子产生了一种被束缚的感觉，让孩子感觉不自由，进而就会抵触这些条条框框，不听父母的话也就在情理之中了。

实际上，父母这样做完全理解错了规矩对于孩子的意义，把规矩当成了控制孩子的一种手段。我们为孩子立规矩，既不应该是为了控制孩子，让孩子听话，成为“乖宝宝”，也不应该是为了满足父母的期望和高要求，而应该是为了更理性地爱孩子，赢得孩子的合作。所以，规矩应该是为了让孩子变得更优秀，而不应该成为孩子的负担，甚至扭曲孩子的个性，培养出性格畸形的孩子。

有一位妈妈，出于担心和爱护女儿，便经常在自己13岁的女儿面前念叨：“少跟男孩子来往，要好好学习！”女儿每天不胜其烦。

一天，几个同学约女儿一起出去爬山，其中也有两名男同学。妈妈见了，就阻止女儿跟同学一起去，还当着同学的面狠狠数落了女儿一通，几个同学也尴尬地离开了。这让女儿的自尊心受到了极大伤害。她大声地对妈妈喊道：“你不就是不让我好过吗？不让我跟男同学来往吗？我偏要跟他们来往！我就是要让你生气，就是不好好读书，就是要把你的钱都花光！”

父母的担心和焦虑是可以理解的，但为孩子立规矩必须以不控制孩子的个性和自由成长为前提。否则，就会让孩子内心产生深深的无助与痛苦，引发孩子强烈的抵触心理。

美国作家卡尔·罗杰斯在《论人的成长》一书中写道：“生命的过程，就是做自己、成为自己的过程。”理性的父母在为孩子订立规矩时，一定不会在不与孩子沟通的前提下，就直接无情地下命令，要求孩子遵守，而是懂得满足孩子情感需求，慢慢引导孩子理解规矩的意义，从而调动孩子的内在动力，自觉地遵守规矩，成为一个有自控力的人。

所以，父母在为孩子订立规矩前，一定要明白下面几点：

1. 立规矩要以尊重孩子为前提

一个人的心灵世界，是要靠自尊来支撑的。孩子虽然年纪小，但同样有自尊，所以在为孩子订立规矩时，一定要尽量避免下面的话语：

“我是大人，你是孩子，你听我的就行了！”

“小孩子懂什么，乖乖听话就行了！”

“你不能提要求，你只能听我的，我说了算！”

“我让你几点睡觉，你就得几点睡觉，不要跟我讲条件！”

……

这样不尊重孩子、不考虑孩子的感受和想法地为孩子立规矩，只会压制孩子的自我驱动力，让孩子对规矩充满抵触情绪，规矩也很难真正发挥效用。

2. 规矩从来都不是惩罚

为了让孩子更听话、更服从自己，有些父母把立规矩当成是对孩子的惩罚，比如这样对孩子说：

“我们来立个规矩，只要看电视超过了时间，就一周都不允许看电视。”

“只要作业写错一道题，就要把作业写十遍！”

“如果让我发现你又玩手机，你这周出去玩的计划就取消。”

……

面对这样的“规矩”，孩子首先想的通常不是如何遵守，而是怎样才能避免惩罚。很显然，要避免惩罚的方式肯定不只有遵守规矩，还有违反规矩时怎样才能不被父母发现。面对这两种选择，你认为孩子更倾向哪种做法呢？回想一下我们自己小时候，当我们想做一件父母不允许做的事情时，我们都是如何做的？多数人应该都是偷偷去做的吧？

所以说，要想让规矩真正发挥效用，我们就不能把立规矩当成是对孩子的惩罚，而应该是一种奖励，比如这样对孩子说：

“今天按时关掉电视，周末就能多看十分钟的电视哦！”

“如果今天作业都写对了，就可以多玩十分钟游戏。怎么样，是不是很期待？”

“如果可以连续三天不玩手机，周末就可以多玩半小时哦！”

……

用这样的话语与孩子沟通，“按时关掉电视”“写对作业”“不玩手机”就成了孩子所关注的目标，因为达成后有奖励。这样，孩子就会把更多的心思花在如何遵守规矩上。

3. 让孩子理解订立规矩的意义

在为孩子订立规矩时，我们必须让孩子明白，订立规矩是为了帮助孩子更快乐、更高效，而不是为了束缚他、控制他，这是规矩有效实施的前提。所以，不管我们要为孩子订立什么样的规矩，都必须让孩子理解规矩的意义，也就是遵守规矩能给他带来什么样的正向结果。

比如，你要给孩子订立吃饭的规矩，如吃饭时必须坐在餐桌上吃、不能边玩边吃、不能挑食偏食等，这时就可以告诉孩子：

“我们是一家人，所以你也应该跟爸爸妈妈一起坐在餐桌上吃饭。”

“如果一边玩一边吃的话，饭菜就凉了，这样吃下去可能会让你肚子疼。”

“挑食或者偏食的话，身体就不能吸收充分的营养，就很容易生病，不能长得健康、强壮！”

……

孩子都是很聪明的，当他们知道这个规矩对自己有好处后，也会很愿意朝着父母期待的方向努力。这时父母要做的，就是适当引导孩子，在孩子不能很好地遵守规矩时，给予孩子适当的提醒，帮助孩子更好地养成好习惯。

总而言之，孩子的很多好习惯、好教养通常都得益于好的规矩。而好的规矩一定不是控制孩子、束缚孩子，而是建立在尊重孩子身心发展和个体特点的前提之下，激发孩子的内驱力，让孩子愿意主动去遵守和实施所订立的规矩。也只有这样的规矩，才能真正助力孩子的成长，赢得孩子的合作，让孩子成为最好的自己。

先沟通情绪，再沟通规矩

很多父母在给孩子立规矩时，都存在这样一个误区，认为只要自己跟孩子好好说说，孩子就能听明白，规矩就能马上订立起来。然而当自己跟孩子说完之后，孩子看似听明白了，可真到了要他们遵守规矩时，却发现孩子根本不会主动遵守，甚至还刻意破坏规矩。于是，一部分父母就开始训斥孩子：

“不是跟你说了吗？这个不能买！”

“你怎么这么不听话？咱们不是说好了吗，这个任务必须今天完成！”

“你说话怎么不算数呢？这可不是好孩子！”

还有一部分父母，则会在孩子的软磨硬泡下，自己先破坏了规矩，对孩子的不遵守规矩行为妥协了。

桃桃妈妈和桃桃之间就经常发生立规矩、破坏规矩，再立规矩、再破坏规矩的行为。

比如有一次，桃桃想吃冰激凌，但是她感冒刚好，妈妈就告诉桃桃，现在不能吃冰激凌，因为她的感冒还未痊愈。但是，桃桃却根本不听妈妈的话，开始躺在地上又哭又闹。桃桃妈妈感到很无奈，只好同意带桃桃去超市买冰激凌。

还有一次，桃桃跟妈妈去菜市场，看到有卖面包的，就要买来吃。但是桃桃刚刚才吃完蛋糕，不能再吃甜食了，所以桃桃妈妈就说不买面包了。同样的戏码，桃桃再次哭闹起来，桃桃妈妈再次妥协。

以上两类父母在为孩子立规矩时，通常都是很难成功的。要想让规矩发挥效用，就必须让孩子把父母的话真正听到心里去，继而激发自己的思考能力，将规矩记在心里，这样他们才会把合理的规矩内化为自己主动遵守的规则。

但是，当孩子出现难过、愤怒、焦虑、委屈等情绪时，你再给他们提要求、立规矩，他们是根本听不进去的，也不可能心甘情愿地遵守。因为此时他们所关注的只有自己的情绪，而不是你提出的要求和规矩。

由此可见，要想让孩子能够听进去你提的要求，能够主动遵守规矩，你就要先通过恰当的方式处理好孩子的情绪问题。只要孩子的情绪调节好了，那么沟通之门自然就打开了。这时，你再向孩子提要求、提建议，孩子才有可能愿意接受。

所以，在与孩子沟通规矩之前，父母需要这样做：

1. 无条件地接纳孩子的情绪

父母在给孩子立规矩前必须明白一点，没有人是完美的，孩子更不可能完美。在成长的道路上，他们一定会犯各种各样的错误，也会有各种各样的情绪。我们不要期待孩子能永远不犯错，能永远表现出色，能完美地遵守规则，这是不可能的。

所以，我们会看到，孩子会因为得不到新玩具而大哭大闹，会因为父母不允许他们看电视、玩手机而撒泼耍赖，会因为父母不让他们吃零食而闹着不肯吃饭……尤其是在一些公共场合，众目睽睽之下，孩子的这些行为会令父母感觉颜面尽失，迫切地想要马上给孩子立规矩，制止他们的行为。于是，我们经常会在一些公共场合看到父母大声斥责哭闹的孩子：

“你简直丢死人了，还不赶快给我起来，说不买就不买！”

“你还有完没完？哭，哭，哭，哭也不买零食吃！”

“这孩子真是太难管教了！真想狠狠揍他一顿！”

“你再哭起来没完，我就不要你了！”

……

实际上，这样的话语除了加重孩子的负面情绪外，并不能让孩子真的懂得遵守规则。相反，如果我们能理解并接纳孩子的情绪，明白孩子想要某种东西而得不到，内心其实很难过、很痛苦，就不会对着孩子大吼大叫，斥责他们“不听话”“不懂事”了。这时，我们应该这样对孩子说：

“妈妈知道，那个玩具很吸引你，你得不到它心里很难过。”

“你很想吃零食对吗？我理解的。”

“你哭得很伤心，我知道你很难过。”

“让我来抱抱你吧，你看起来很不开心。”

……

这其实就是与孩子共情，通过抱抱他、拍拍他的方式，让他知道你很理解他。等孩子的情绪慢慢平复下来之后，你再与孩子沟通规矩的问题，就会容易得多了。

2. 有原则地面对孩子的行为

接纳孩子的情绪，是不是表示我们也要接纳孩子违反规矩的行为呢？当然不是。

接纳情绪，是为了更有效地为孩子立规矩，让孩子遵守规矩，懂得哪些事情可以做、哪些事情不可以做。我们可以无条件地接纳孩子的情绪，但一定要有原则地面对孩子的行为。如果是违反规矩的事，不管孩子如何哭闹，我们都要坚持原则。

著名心理学教授李玫瑾曾在网上分享过自己和女儿之间的一件事：

有一次，李玫瑾的女儿提出要买一个比较贵的玩具，但李玫瑾觉得女儿的玩具已经够多了，况且这个玩具也不在她们的规划之内，于是就拒绝了。结果，女儿立马哭闹起来，甚至以不吃饭来要挟妈妈。

但是，李玫瑾始终没有妥协，她就陪在女儿身边，看着女儿躺在床上哭闹，偶尔帮女儿擦一下脸上的泪水。最后，女儿哭得精疲力尽，发现妈妈的态度仍然很坚决，才停止了哭闹，并且也不再提买玩具的事了。

每一位父母都希望自己的孩子开心、快乐，但如果孩子的开心和快乐是以不断破坏规矩来换取的，那就得不偿失了。这个世界上本来就有很多规矩需要遵守，如果孩子不能从小就懂得控制自己的需求、约束自己的行为、学会遵守规矩，那么长大后就可能遭受更大的挫折。

所以，父母坚决地执行规矩，看似对孩子狠心、残忍，其实却是在用实际行动教孩子懂得规矩的重要性，以及违反规矩后的行为后果，从而让孩子知道如何做出正确的决定。

规矩不能只针对一时一事

大多数父母都知道给孩子立规矩的重要性，为了规范孩子的言行，会很积极地给孩子订立规矩。可是他们发现，自己立的这些规矩不但没有让孩子变得更有优秀，反而引起了孩子的不满和抵触情绪，亲子关系也出现了不和谐。有的父母还形容说，自己跟孩子说话，就像是两个对立国在进行双边谈判一样，总也谈不拢。

其实，孩子从内心深处并不想跟父母对着干，之所以出现这样的状况，背后一定是有原因的。父母与其不停地抱怨孩子的抵触情绪，不如认真地找一找孩子抵触的原因。

一位妈妈讲述了这样一件事：

有一天，她在电脑中找出了几年前一家人出去玩时录的视频。视频中，女儿一边吹着泡泡，一边开心地在草地上奔跑，先生在一旁和女儿一起抓泡泡，一家人沉浸在一片欢声笑语之中。

但看着看着，她就发现了不和谐的地方，因为视频中除了家人的欢声笑语外，还有自己各种不和谐的说教，如：

“你慢一点儿，别摔倒了！”

“你不可以用手抓泡泡，那个泡泡液不卫生，你要记住这个！”

“你不要动那些草，那里面会有虫子！”

……

过了一会儿，女儿可能饿了，过来找妈妈要吃的，她的说教又开

始了：

“你不能吃这个，这个对你的牙齿不好！”

“你吃东西时必须先洗手，你还没有洗手，不可以吃！”

“你不能喝饮料，要喝水！”

……

爸爸在一旁提醒了一句：“出来玩嘛，让孩子开心点，别要求那么多了！”

而妈妈却说：“那怎么行？我这是在给她立规矩，得遵守！”

女儿听到妈妈的这些话，噘起嘴，很不开心。而现在看来，她觉得自己当时真的很“烦人”。

在管教孩子时，我们经常觉得自己是正确的，尤其发现孩子有问题时，就想马上订立一个规矩让孩子遵守，而不考虑孩子出现这个问题背后的原因，更不考虑这个规矩是不是有利于孩子长期的成长和发展。这样订立的规矩除了束缚孩子、让孩子反感外，并不能对孩子的成长有任何帮助。

既然规矩是为了规范孩子的言行，让孩子越来越好，那么规矩就一定是能够在生活中长期坚持的原则，而不是父母的一时兴起，或者只针对一时一事来为孩子立的规矩。否则，这样的规矩不但孩子难以遵守，时间长了，可能连父母自己都忘记自己当时给孩子立过哪些规矩了。

所以，我们在给孩子立规矩时，一定要先对孩子进行整体的评估，确定孩子在当下的年龄段都能做什么、不能做什么，同时还要与孩子讨论立规矩的计划，再根据孩子的年龄和成长特征来立规矩，尽量避免下面几种立规矩的方式：

1. 凭借情绪立规矩

有些父母一看到孩子不听话、不乖，或者自己心情不好，孩子的行为影响到了自己，立刻就给孩子立规矩，比如：

“再哭的话，今天晚饭就不许吃了！”

“你怎么还闹起来没完没了？明天的活动取消！”

“没看到我正忙着呢吗？再来捣乱，就去外面站半小时！”

“你怎么还在看电视？故意吵我是吧？把电视关掉，三天内不许看！”

……

而当孩子听话、乖巧，或者父母心情好后，孩子再提什么要求，又会马上答应，早已把自己之前给孩子定的规矩抛到九霄云外了。

这种没有任何原则，只按照自己的情绪、喜好来给孩子立规矩的做法是完全错误的。因为这不但不能让孩子明白，他为什么不能做那些事，同时还会让孩子对父母产生不信任感，不知道父母的话哪句是真的、哪句是假的。这不是规矩，是对孩子的惩罚。

2. 想起一件事，就立一个规矩

有些父母就像案例中那位妈妈一样，发现孩子一个问题，就立一个规矩让孩子遵守。实际上，规矩太多，或者没有持续性，都是形同虚设，根本不利于执行，孩子也很难做到每个规矩都遵守，这样就容易导致孩子的内心出现混乱：今天遵守一个规矩，过几天没遵守，妈妈也没提出异议，但又提出了一个新规矩……到底哪些该遵守，哪些不该遵守呢？孩子弄不清。久而久之，孩子做事就可能畏首畏尾，既怕自己违反了某个规矩被妈妈批评，又怕妈妈再给自己立新规矩。很显然，这是不利于孩子成长的。

3. 执行规矩缺乏一致性

有效的规矩一定要具有一致性，这样孩子才能知道哪些事是该做的，哪些是不该做的。但是，要做到一致性非常难，可能无形之中，就在执行时出现了不一致性。

比如，孩子不小心打破了一个普通的花瓶，父母可能会马上关切地说：

“没关系，宝贝，手有没有受伤？”

“不碍事，下次要小心些就行了！”

但如果孩子不小心打破了一个昂贵的花瓶，父母的“话风”可能就变成这样了：

“你看看你，干什么都毛手毛脚的，笨死了！”

“你怎么这么不小心？你知道这个花瓶多贵吗！晚上不要吃饭了，去一边罚站去！”

不管孩子打破的是普通花瓶还是昂贵的花瓶，孩子的行为动机可能都没有差别，但父母对待两件事截然不同的态度就会让孩子感到困惑，尤其是年幼的孩子更难理解。在这种情况下，孩子对规矩就会产生认知混乱。

由此可见，给孩子立规矩并非看到孩子有表现不好的地方，就随时随地口头说出来让孩子遵守，也不是凭自己一时兴起就随便列出几点让孩子遵守。在立规矩时，要尽可能地考虑周全，避免规矩出现漏洞，否则孩子不但不能很好地遵守，还可能成了束缚他们成长的枷锁。

给孩子立规矩从来不是“单选题”

面对孩子时，很多父母都习惯性地“高孩子一等”，经常使用命令式的语气跟孩子说话，不断地“让”孩子去做各种事情，或者不断地“叫”孩子完成什么样的任务，比如这样对孩子说：

“不许再看电视了！”

“你要在5分钟之内穿好衣服！”

“放学回家后必须先写作业，写完作业才能出去玩！”

“去把你的房间收拾好！”

“周末只能玩一上午，下午就要回来学习！”

……

面对类似这样单方面的“指令性规矩”，孩子是完全没有好感的，内心也不会愿意遵守，但由于无法反抗，只能忍着心里的不悦去做。试想一下，带着这样的情绪去学习或做事，他能快乐吗？而且因为这些事情违背了自己的意愿，一旦有机会或有能力反抗，他们立刻就会“揭竿而起”，不再遵守规矩。

比如，父母给孩子定下“放学后回家要先写作业”的规矩，看起来似乎没毛病，但从孩子的角度出发，他会觉得自己已经上了一天学，放学后很想玩一会儿再写作业，所以他内心深处是不情愿遵守这个规矩的。然而他又无法违背，只能硬着头皮去写作业，但由于内心很委屈，他在写作业时就可能表现得很糟糕。这时，父母为他订立的这条规矩真正的目的就很难达到了。

实际上，立规矩并不是父母单方面地下命令，爱孩子与立规矩也不是单选题。在立规矩时，父母应该让孩子参与到立规矩的过程中来，毕竟规矩是为孩子立的，孩子有权利知道他为什么要遵守这些规矩，以及这些规矩会给他带来哪些变化等。而且，孩子积极参与其中还能增加他们的满足感和积极性，让他们感觉自己是被尊重、被认可的，从而在订立规矩后也更愿意积极主动地去遵守。

当然，在给孩子立规矩过程中，要想让孩子理性地参与其中可能并不容易，父母还要从以下几方面多努力才行：

1. 事先告诉孩子，为他订立规矩的原因

没有一个孩子不喜欢自由自在的生活，也没有一个孩子喜欢被大人约束，而任何一个规矩从某种程度上来说对孩子都会有束缚感，孩子从心底也不太愿意接受这些规矩。

但是，规矩在孩子成长过程中起着极其重要的作用，它可以帮助孩子学会约束自己的言行，学会保护自己，懂得遵守各种社会规则，避免孩子以后走上弯路、歧路。

因此，在给孩子立规矩前，我们要耐心地与孩子沟通一下，帮助孩子理解什么是规矩，我们为什么都要遵守规矩等。比如，你可以这样跟孩子说：

“每个人都要遵守规矩，规矩是对我们的一种保护。你看，我们在马路上为什么不能闯红灯呢？因为闯红灯很危险。这就是规矩给我们带来的安全感。”

“有了规矩，我们就有了目标，学习时再也不会拖拖拉拉了，会更有动力。”

“如果都不遵守规矩，那很多人就会做坏事，甚至犯罪，比如去抢不属于他的东西，买东西也不给钱，那我们的社会不就乱套了？我们还敢出门吗？”

……

就是用孩子能够理解的最简洁的语言让孩子明白，因为有规矩，人与人之间才有边界感，我们才会有安全感。所以规矩对他是一种帮助，而不是约束或惩罚。

2. 允许孩子提出意见，并参照孩子的意见来为他立规矩

人们都喜欢被需要、被重视的感觉，而厌烦被命令或者被支配，孩子也是如此。所以在为孩子立规矩时，我们要给孩子提出意见的机会，比如这样与孩子沟通：

“你可以考虑一下，早晨你几点起床最合适，既能让你有时间吃早饭，又不会迟到？”

“放学后，你想先玩还是先写作业？如果先玩的话，你觉得玩多久再写作业，可以把作业按时完成？”

“周末你可以选择一天休息，你打算选择哪天？”

“如果中间有其他事情耽误了学习，你打算怎样弥补呢？”

“如果违反了这条规矩，你觉得什么样的惩罚你可以接受？”

……

通过上面的沟通，孩子就会有一种受尊重感，同时因为征得了他的同意，孩子在遵守时也更容易做好。

与此同时，我们还要告诉孩子，我们相信孩子可以很好地遵守这些规矩，并且不但他一个人要遵守，父母也会和他一起遵守。如此一来，孩子才会明白这些规矩是不能轻视，更是不能讨价还价的。

3. 可以根据孩子的实际情况调整规矩

当你跟孩子讨论完所立的规矩后，孩子可能最初同意了所立规矩的内容，但到真正执行的时候，他忽然发现自己的某些利益被侵害了，这时孩子可能就会提出抗议。

比如，你和孩子原本规定是周末先写作业，写完后再去做其他事或

出去玩。但某个周末他发现，作业非常多，如果写完后再出去，他原本计划好的事情可能就“泡汤”了，于是孩子就不想写作业了。

这时，你该怎么办？是继续让孩子执行规矩，还是破坏规矩？

实际上，这时我们可以先了解一下，孩子计划好的事情是什么重要不重要。如果真的很重要，比如跟同学约好，一起去看望生病住院的同学；或者答应某个同学，要在几点钟去帮他补课；或者是跟老师约好几点要去干什么，等等，那么我们就可以进行适当调整。但在调整前，我们要这样跟孩子说：

“如果按你说的，这件事确实挺重要，那么你可以先写一半作业，等办完这件事后，再回来把作业写完。”

“这件事确实不好推脱，我很理解。既然这样，那你今天可以‘违规’一次，但以后再有类似的情况，你最好先把写作业的时间规划好。”

这其实等于是在告诉孩子，你很尊重他的想法，出现问题也可以共同商讨应对措施。由此让孩子明白，规矩并不是在处处管制孩子，而是在帮他更好地规划自己的生活和学习。

减少无效命令，多给实际建议

孩子在成长过程中，就像一棵稚嫩的小树苗，不仅需要爱、理解、关注，还需要经常进行修修剪剪，这样才能让他们健康、茁壮地成长。

而给孩子立规矩，就像是在给小树修剪多余的枝叶，防止小树长歪长斜。只有让孩子生活在有规矩的爱当中，孩子才会成长得更优秀。

但是，在给孩子立规矩时，我们经常听到一些父母这样对孩子说：

“你要听话，不能这么淘气！”

“不要捣乱，这样是不对的！”

“你怎么这么没礼貌！再这样，我就要惩罚你了！”

“你不能这么说话！这孩子怎么这么不懂事呢！”

“我上班要迟到了，你快点！”

……

这些话很多父母都不陌生吧？但是，这对孩子有效吗？

我们说这些话的目的，是为了让孩子停止不当的言行，是想让孩子像我们期望的那样乖巧、懂事、合作。然而，孩子对我们的这些话要么是一脸茫然、不知所措，要么是充耳不闻，依然我行我素。

孩子为什么会有这样的反应？

原因就在于，他们根本不知道到底该怎么做。爸爸妈妈让自己“听话”，到底要听什么话？不让自己“捣乱”，自己怎样做才算是在捣乱？说自己“没礼貌”，怎样才是有礼貌？说自己“不懂事”，怎样才是懂事？妈妈让自己“快点”，多快才算是快？如果自己一直不听话、没礼貌、不懂事，又会怎么样？……

总之，孩子不确定自己到底该听什么，该做什么，可是看到爸爸妈妈又很生气，甚至在吼自己了，这就让孩子感到很不安，也会变得不知所措，不知道自己该怎么做才对。

这就提醒父母们，在为孩子立规矩和执行规矩时，一定不要给孩子下这种无效的命令，而是多给予孩子一些实际的建议，让孩子知道自己做得到底对不对，怎样做才对。这样，孩子才知道自己该遵守哪些规矩，如果不守规矩会受到哪些惩罚。

那么，我们如何跟孩子沟通，才算是给予孩子实际建议呢？

1. 给孩子的信号一定要明确

由于年龄关系，孩子有时对我们的一些语言和指令并不理解，因而也不能很好地完成动作。所以，当我们发现孩子不遵守规矩时，就要明确地指出他的哪些做法是错误的，以及孩子应该怎样做才是守规矩。比如，你要这样对孩子说：

“你在椅子上跳上跳下很危险，现在停下来吧！”

“排队时这样跑来跑去会影响到别人，现在站在自己的位置上。”

“上车时这样挤别人是不礼貌的，如果下次你再这样，我就不再带你来坐车了。”

“说小朋友是‘笨蛋’，这是很不礼貌的行为！现在，你要马上向小朋友道歉！”

“还有5分钟我就要迟到了，所以你要在5分钟之内跟我一起出门！”

……

听到这样的话语，孩子就可以清晰地知道自己哪些行为是错误的，下一步该怎么做。当然，如果你能站在孩子的角度，跟孩子沟通一下他的一些行为背后的原因，那么你就能给出孩子更加有效的建议，规范孩子的言行。

2. 坚持原则，不能向孩子妥协

一位妈妈曾经非常苦恼地说，自己给6岁的孩子立下规矩，晚上要10点前上床睡觉，可是孩子几乎就没有遵守过。每次快要到睡觉的时间，孩子就会找各种理由继续玩。如果妈妈不答应，孩子就大哭大闹。即使妈妈大吼孩子，强行把孩子按在床上，孩子也不肯睡。最后，她不得不放弃这个规矩，任由孩子每天玩到困得睁不开眼睛，才会去睡觉。

类似这位妈妈所遇到的情形，很多父母应该都遇到过：明明给孩子制定了规矩，但孩子就是不肯遵守。无奈之下，父母只好放弃。

实际上，这只会让孩子越来越无视规矩，越来越不遵守规矩。要想让规矩发挥效用，你就一定要坚持原则，不向孩子妥协，必要的时候甚至可以拿出父母的权威。只有父母坚持规矩，孩子才会意识到父母对这件事的认真和坚持，也才会认真对待。

所以，案例中的妈妈如果想让孩子遵守10点前睡觉的规矩，就要提前跟孩子沟通好，比如：

“宝贝，我们还有30分钟就要睡觉了哦！现在，我们一起来把玩具送回家吧，它们也要去睡觉啦！”

如果孩子不肯，甚至以哭闹要挟，妈妈也要坚持原则，并且自己以身作则，全家人都在10点前上床，准备睡觉。不要对孩子说：“你再不睡觉，我就揍你了！”“你赶紧上床睡觉啊！”这些都属于无效命令，孩子不会遵守。如果孩子仍然哭闹着不肯上床，那就让孩子自己哭一会儿。坚持几次后，孩子知道父母不会向自己妥协了，也就会主动上床去睡觉了。

3. 不要总对孩子说“最后一次……”

孩子不遵守规矩、不执行规矩的情形很常见，这时，一些父母就会对孩子说：

“你不许再看电视了啊，我最后一次警告你！如果你不听话，我就会……”

“赶紧去把作业写了，我最后一次提醒你！”

“我最后再跟你说一次，不要那样说话！”

……

这样的话，就像最后通牒一样，目的是希望孩子马上听话。但是，看似对孩子的“警告”，其实对孩子来说就是无效的命令，因为我们很难做到“最后一次”。即使孩子在听到你的“警告”后继续看电视，你也很难拿出真正有效的方法，因此对孩子也起不到任何教育作用。

所以，在要求孩子遵守规矩或执行规矩时，不要总对孩子说“最后一次”，而是直接陈述事实，告诉孩子他现在应该怎么做。如果孩子违反规矩，就拿出具体的惩罚措施来，并且要坚决执行。当然，惩罚措施也要列入给孩子所立的规矩当中。这样用规矩约束孩子，要比你不断地“警告”更有效。

有规矩，就要有惩罚

孩子是个独立发展的个体，在成长过程中，不听话、犯错误都在所难免，而且养成良好的习惯和性格本来就不是一蹴而就的，因此才需要我们给孩子立规矩，规范他们的行为。但是，不管是什么规矩，都会在一定程度上限制孩子的言行，让他们感觉不能随意地“放飞自我”，所以他们免不了要违反规矩、破坏规矩。

这时，你打算怎么办？

一些父母的做法可能是强迫自己忍着怒气，耐心地给孩子讲道理；还有一些父母，可能就会大发雷霆，对着孩子一通斥责、谩骂。

其实，这些都不是很好的处理方法。教育学家简·尼尔森曾经说：错误是孩子学习的大好时机，如何对待错误比犯的错误更重要。孩子犯了错、违反了规矩，那么我们可以用相应惩罚措施来让孩子记住教训，然后再引导孩子向着对的方向发展。

这就要求父母在为孩子订立规矩的同时，也必须制订相应的惩罚措施。但是，在订立惩罚措施时一定要遵循一个原则，就是只针对孩子的错误行为，而不上升到对孩子的人格、尊严的攻击。如果孩子一犯错，你立刻就把孩子以前犯下的所有错误都翻出来说一遍，并且借此反复惩戒孩子，这不是有效的惩罚，而是对孩子的打击报复。孩子也不会因为被惩罚就意识到自己的错误行为，更不知道如何改正错误。这样的规矩与惩罚，就失去了意义。

那么，在孩子违反规矩时，我们要如何对孩子进行惩罚，才会既不伤害到孩子的自尊心，又能帮助孩子更好地树立规则意识呢？

1. 立规矩时就与孩子商定好惩罚措施

在和孩子沟通，要为他订立规矩时，我们同时还要把惩罚措施与孩子沟通好，取得孩子的同意。比如，我们跟孩子说：

“如果你不遵守我们的约定，或者屡次犯相同的错误，妈妈就要惩罚你。现在你来说一说，我们该怎样惩罚你呢？”

“如果你每天看电视的时间超过半小时，那么第二天就要减少相应的时间哦！这算是对你不遵守约定的惩罚吧！”

“假如你没有按时完成作业，那么你当天上网的时间就要取消了哦！”

……

如果孩子也同意这些惩罚措施，那么在执行规矩时，一旦孩子犯了错误，我们就要用事先约定好的措施对孩子进行惩罚，决不能因为孩子哭闹、耍赖等就妥协放弃，否则孩子是很难有效执行规矩的。

2. 惩罚并不是对孩子的批评、打骂

有些父母觉得，惩罚就是对孩子吼一顿、打一顿，孩子就能记住教训了。比如，孩子放学后没有按时回家，父母便对着孩子骂一顿：

“不是说放学就回来的吗？又跑到哪里疯去了！”

“你还知道回来？你干脆住在外面算了，不用回来了！”

“让你放学就回来，你没有脑子吗？记不住吗？”

……

虽然孩子先违反规矩不对，但打骂绝对不是惩戒孩子、让孩子遵守规矩的有效方法，反而还会伤害到孩子的自尊心。哪怕你真的很担心、很生气，也不要用这种恶劣的态度对待孩子，而是采用更实际、有效的方式来惩罚孩子，比如取消孩子的某种特权、没收孩子喜欢的玩具等。

3. 在与孩子沟通之后，再实施惩罚

有时候，孩子确实做得很过分，我们也要先控制好自己的情绪。如果孩子的情绪也很激动，我们要安抚下孩子的情绪，让孩子也冷静下来，比如对孩子说：

“妈妈知道你现在有些着急，来，我们拥抱一下，坐下来冷静一下。”

等孩子冷静下来之后，我们再严肃地跟孩子谈一谈，如：

“现在你告诉妈妈，你觉得刚才自己做得对吗？”

“那你能告诉妈妈，你为什么要这样做吗？”

“如果有人那样对你，你会开心吗？”

“那你觉得该怎么弥补你的错误呢？”

“好，既然做错了事情，就要按我们的约定，接受惩罚对不对？”

……

这时，孩子也可能会为自己争辩，这里要注意，一定要给孩子“申诉”的机会，因为导致孩子犯错的原因是多种多样的，既有主观方面的失误，也可能是不以孩子的意志为转移的客观原因导致的。从主观方面来说，孩子可能是有意犯错，也可能是无心所致，或者是能力不足，等等。

所以，当孩子犯了错或违反了规矩后，不要剥夺孩子说话的权利，要让孩子把自己的想法说出来。这样，我们才能更全面地了解孩子，对孩子的惩罚也更有针对性，并能让孩子心悦诚服地接受惩罚。

别忘了表扬和奖励守规矩的孩子

在教育和引导孩子的过程中，表扬和奖励都是不可缺少的。尤其在孩子执行规矩时，如果在某些方面做得很好，父母千万不要吝啬自己的表扬、鼓励和奖励，要及时地把一些赞美的话送给孩子。

说到这，有些父母可能会担心，如果对孩子表扬、奖励太多，孩子会不会对此“上瘾”啊？一旦不表扬、不奖励了，孩子是不是就不想遵守规矩了，这样以后不是更难管教吗？

其实你大可不必担心这一点，要知道，我们每个人都喜欢听表扬的话，也都喜欢奖励，孩子也是如此。被表扬和奖励了的孩子，内心会充满喜悦，因为自己的行为受到了父母的认可，自信心也会在一定程度上有所提高；相反，如果父母认为孩子遵守规矩是理所当然的事，没什么值得表扬的，也从来不对他们的优秀表现给予赞赏，那么孩子的内心就会逐渐对规矩失去兴趣，感觉有没有无所谓，甚至在违反规矩被惩罚时，还会对规矩产生憎恨心理。

而一些父母之所以担心孩子得到表扬和奖励会变得“上瘾”，多数是因为你没有掌握恰当的方法。比如，有些父母经常这样表扬孩子：

“儿子，你真棒！你是最厉害的！”

“你做得对，真是个好孩子！”

“今天表现不错，继续保持啊！”

“你真聪明，做得好！”

……

一开始，孩子可能很受用这样的表扬，听完后心里美滋滋的，下次也想表现得更好，获得更多的表扬。但如果我们经常用这些相似的话去表扬孩子，孩子就会出现“表扬免疫”，慢慢对你的表扬就变得无动于衷了。因为孩子逐渐意识到，你给他的这些表扬、夸奖等，并没有什么实质性的东西，他也不知道自己到底哪里棒、哪里对，怎样算表现不错、算聪明。孩子甚至会觉得，爸爸妈妈就是在敷衍他，根本不是真心在表扬他，他原来被表扬、被夸奖后的喜悦感也越来越少。这样一来，你的表扬就完全失去了意义。

可是，如果某一次你没有及时表扬孩子，孩子可能就会很不开心，觉得父母忽略了他，或者是自己哪里做得不够好，自己又不知道哪里做得不好，于是又会变得很迷茫。

那么，我们到底怎样表扬和奖励遵守规矩的孩子，才能更有效地强化他们的正向行为，让他们更愿意积极、主动地遵守规矩呢？

1. 对孩子的表扬、鼓励一定要有具体内容

在孩子很好地遵守了规矩，而你想要表扬或鼓励孩子时，一定要把孩子具体做的事情表述清楚。比如：

“你今天按照我们的约定，自己收了玩具，做得真不错！”

“哇，你今天把床收拾得这么干净，真能干！”

“你今天提前把作业写完了，而且都写对了，非常好！继续加油哦！”

“你今天在规定的时间内关掉了游戏，说话算数，给你点赞！”

……

这样的表扬和鼓励就很具体，孩子也知道自己的哪些行为得到了父母的认可。而为了获得更多的认可和表扬，孩子主动遵守规矩的积极性也会更高。

2. 慎用金钱或物质奖励

有一位妈妈在网上“吐槽”说，自己和孩子一起做了一张表格，如果每次孩子能认真学习 30 分钟的话，就在表格上打个钩。一周结束，统计表格上的对钩，有几个钩，就给孩子几块钱。

前两周，孩子的积极性特别高，周末时分别得到了 7 块钱和 8 块钱，开心得不得了。可到了第三周后，孩子就开始懈怠了，学习也不那么积极了，周末只得了 3 块钱。

妈妈渐渐不能忍受，开始是提醒孩子，后来就不断批评甚至威胁孩子，比如："你再这样，这周的钱就不给了啊！"结果最后孩子宁愿放弃金钱奖励，也不想再坚持了。

这个方法其实就是对孩子的物质奖励，同时我们也看到，开始时效果还是很不错的，孩子学习很有积极性，也能主动完成任务，领取奖励。但后面就无效了，孩子甚至完全放弃了，这是为什么呢?

对于孩子来说，不管一开始的奖励是金钱还是物质，他都感觉很新奇、很好玩，但当这件事变得习以为常后，他就会渐渐失去兴趣。而一旦孩子在学习中遇到难题，或者失去了内驱力，他就宁愿放弃这一块钱或者相应的物质奖励。

那么，我们是不是完全不能对孩子进行金钱或物质奖励呢?

并非如此。如果用对了方法，金钱或物质奖励同样能很好地强化孩子的正向行为，促使孩子更加积极主动地遵守规矩。只不过我们在用的时候，一定要把这个奖励与孩子的行为之间联系起来。比如，你这样对孩子说：

"宝贝，我看到你今天学习特别专注、特别认真，所以奖励你多看 10 分钟电视哦！"

"你已经做到连续三天自己收拾房间、自己叠被子了，真的很棒，按照约定，可以奖励给你一个小礼物了，你自己想想要什么呢？"

类似这样给孩子物质奖励，就会让孩子明白：原来遵守规矩的行为是有好处的。这样一来，孩子就体会到了遵守规矩给自己带来的喜悦感和成就感，而受到鼓舞的孩子也会更愿意自主地按规矩做事。

由此也可以看出，在表扬或奖励孩子时，我们一定要想办法激发起孩子内在的动力，即让孩子体会到，遵守规矩可以让他的某些技能得到提升，可以获得某种好处。这些好处不是父母直接赋予他的，而是他通过自己的努力获得的。所以，我们在表扬或奖励孩子时，一定要强调是对孩子遵守规矩这一正向行为的鼓励，那么孩子逐渐就有了继续遵守规矩、保持这些正向行为的内在动机。

第六章

重构关系：远离暴力式沟通，让沟通更有效

心理学上有一句话：“孩子能够走多远，取决于曾经与父母走得多近。”然而在孩子成长过程中，孩子与父母的关系不断遭到破坏，沟通越来越趋于暴力，结果导致亲子关系渐行渐远。那么，父母要怎样做，才能重新构建与孩子间融洽的亲子关系呢？就是从现在起，远离暴力式沟通，遵循孩子的发展规律，用孩子喜欢并能够接受的方式，实现真正的有效沟通，成为孩子成长道路上的心灵伙伴。

没有孩子能被说服，除非他自己愿意

有这样一句很有趣的话：从来没有一只耳朵，是被嘴巴真正说服的。这句话同样适用于父母与孩子之间的沟通。很多时候，我们都习惯于给孩子讲很多大道理，希望以此让孩子听话、懂事、理解父母对他的爱，最后却发现几乎起不到任何作用。不仅不起作用，反而还可能引起孩子的反感。

这就提醒我们，孩子在成长路上所发生的所有改变都不是被父母说服的，而是发自内心产生的，因为感受到爱、尊严、信任、接纳，他们才心甘情愿地被影响、被改变。

有位妈妈在网上分享了发生在自己和儿子身上的一件事：

这个男孩小时候很爱打架，小学三年级时，还把班里的一位同学打伤了，父母很生气，平时对孩子又是讲道理，又是严厉批评，都毫无效果。

有一次，妈妈带着男孩去看一场青少年跆拳道比赛，男孩一下就被跆拳道中那种礼仪、尊重以及对手之间的对抗吸引住了，并且当即就跟妈妈提出，自己要学习跆拳道。

妈妈也尊重孩子的兴趣，于是找了一个培训班，与教练首先进行了一番沟通。然后，妈妈就带着男孩去报名了，没想到教练却对男孩说："很抱歉，我不能收你，因为我听说你没学跆拳道前，就已经打伤过人了，要是学会了，还不得四处打人！”

原本兴冲冲的男孩一听教练的话，急得都快哭了，急忙保证自己再也不打架了。后来在教练的指导下，孩子果然不再打人，并且经过半年的训练，还在一次重要的比赛中得了奖。

父母都爱自己的孩子，都希望与孩子之间亲密相处、顺畅沟通，希望孩子能在自己的教育下变得懂事、听话、有出息。但是，要想让孩子朝着这个方向发展，绝不是靠父母的说教、控制所能达到的，不仅如此，还可能会让孩子变得越来越不耐烦，激发他们的叛逆心理，亲子关系也变得越来越疏远。只有激发出他们内在的驱动力，让他们从认知上发生改变，孩子的成长和改变才会自然而然地发生，这要比你的千万句说教更有意义。

心理学研究发现，人们更乐意接受喜欢的人所传达的观点和意见。也就是说，不是因为对方说得有道理，我们才愿意接受，而是因为喜欢他，所以才认为他说得对。

对于孩子来说，这一点同样适用。如果父母想与孩子之间构建融洽的关系和愉快的沟通氛围，就要注意下面两个问题：

1. 让自己成为孩子喜欢的人

著名教育家孙云晓曾经说过："好的亲子关系，就是好的家庭教育。什么时候你和孩子的关系是好的，你的教育就是成功的。"

这也说明，我们与孩子之间的关系质量，将决定孩子是否愿意接受我们的观点和建议。如果孩子总是跟你对着干，那么你就要反思一下，自己与孩子在相处过程中到底出现了什么问题。

不管在任何时候，孩子都不喜欢父母控制自己、命令自己，而是喜欢与父母以一种平等、尊重、信任的方式相处。即使自己犯了错，父母也不是粗暴地批评、嘲笑甚至打骂自己，而是能够理解、耐心地引导自己，给自己机会，让自己改正。这样的父母，哪个孩子会不喜欢呢？

当然，这些话听起来很简单，真正能够做到的父母却少之又少，但这并不表示父母就可以完全不做。我们只需要尽自己最大的努力，用最大的耐心去与孩子对话、沟通、交流，孩子同样可以感受到我们的爱、尊重与接纳，也会越来越喜欢我们，朝着我们期待的方向成长。

2. 如果给孩子讲道理，不妨采用"名人效应"法

相信很多父母在跟孩子讲道理时，说得最多的话就是：

"你怎么这么不听话呢，我还能害你吗？"

“我们都是过来人，你这点事儿还能摆弄不明白？”

“不听老人言，吃亏在眼前！你不听我们的话，早晚后悔！”

……

可你越是这样说，孩子越觉得你的话没有分量、没有权威性，甚至越发不相信。

那么，怎么才能让自己的话在孩子听来有分量并愿意接受呢？有一个小窍门，就是用“名人效应”，比如，我们换成这样的方式来说：

“你们校长说了，你们学校的升学率很高，只要努力，都能考上好大学。”

“医生说了，你的这个习惯会影响睡眠质量，睡眠不好，人肯定就没精神！”

“我在电视上看了，专家说……”

……

总之，就是尽可能地用孩子能够信服的权威来帮助你传达建议，因为在孩子看来，除了父母之外的第三方是没必要欺骗自己的，所以也容易对这些内容深信不疑，并从内心中接受这些建议，继而改变自己的不当行为。

向孩子敞开心扉，让孩子了解父母

父母与孩子的关系是世界上最亲密的关系，所以也应该与孩子一起分享彼此间的喜怒哀乐，可是，大多数父母只想让孩子向自己敞开心扉，却很少向孩子敞开心扉。这种观念，就为亲子间的沟通设置了障碍。

事实上，要与孩子间实现真正的顺畅沟通，我们就要适当地与孩子分享自己的心情，让孩子感受到父母与自己的平等地位，感受到父母对自己的信任和尊重。心理学家研究后发现，如果父母能够经常性地向孩子袒露真实的自己，那么孩子也很容易被父母打动，同时也更愿意与父母沟通。

孩子的心是很敏感的，有时父母是不是开心、是不是生气，他们都能感觉得到。但是，当孩子问我们：“爸爸，你为什么不高兴呢？”或者“妈妈，你在生气吗？”很多父母往往这样回答孩子：

“没有不高兴啊，我很好。”

“小孩子不要管那么多！”

“妈妈没事，去玩你的吧！”

“爸爸很好啊，没有不高兴，小孩子别想那么多啦！”

……

孩子其实是感受到了父母的情绪，很想关心父母，可父母这样的回答就相当于拒绝了孩子的关心。久而久之，孩子就会觉得：“噢，原来父母的事跟我没关系，那我的事也跟他们没关系吧！”

于是，当孩子表现出一些问题时，父母在跟孩子交流时，就会问：

“你到底在想什么？为什么要这样做？”

“你是怎么想的啊，倒是说出来呀！”

“你为什么不听我的呢？现在搞成这样，你到底想怎么样？”

……

这时可能就换成孩子拒绝沟通了，因为他们会想：“反正你们的事我也不了解，那你们也别想了解我！”或者“你们高高在上，只会对我说教，根本就不理解我！”

平等是沟通的基础，要想与孩子之间实现有效沟通，父母就必须让彼此间的沟通由单向沟通变成双向沟通，适当地向孩子倾诉一下自己的所思所想。这样，孩子才会更加了解父母，甚至会渐渐理解和体会父母的不容易，也更愿意亲近父母。否则，孩子不理解父母，父母不了解孩子，双方的沟通又如何能顺畅呢？

网上有这样一个故事：一个女孩在5岁时，父母离异，女孩被判给了妈妈。当女孩问妈妈，为什么她跟爸爸离婚时，妈妈告诉她，是因为自己和爸爸的感情不好了才离婚的。

几年后，女孩的妈妈再婚，继父是一个性格很好的男人，对女孩视如己出。但是，女孩一直不愿接受这个继父，甚至暗暗责怪妈妈不应该跟爸爸离婚，让自己不能跟亲爸爸在一起。

直到女孩考上大学后，妈妈才告诉女孩，其实当时是因为女孩的爸爸家暴妈妈，甚至在妈妈怀孕时对她拳打脚踢，导致妈妈流产，终生不能再生育，妈妈才选择跟爸爸离婚。

这时，女孩才真正体会到妈妈的不容易，更理解了继父多年来对自己的接纳、包容和爱护。可是，如果她能早些知道真相，也许就不会这么多年对父母离婚的事耿耿于怀，更不会对继父充满误解了。

所以，在很多时候，我们与其对孩子隐瞒一些事实、情绪等，倒不如直接对孩子敞开心扉，用孩子能听懂、能理解的语言，把你的经历、想法、愿望等讲给孩子听。这不仅能加深亲子之间的情感沟通，还能传达给孩子一些处世的经验、态度等。

1. 把你的工作、经历等，说给孩子听听

多数父母都经常要求孩子向自己汇报学习情况，却很少把自己的工作情况、生活经历等告诉孩子。其实，经常把自己的工作、经历等讲述

给孩子听听好处很多，孩子可以知道爸爸妈妈每天都在忙什么，知道爸爸妈妈在工作中也会遇到困难、挫折……现在很多孩子不知道父母工作赚钱辛苦，花钱大手大脚，完全不懂得节俭，而经常跟孩子聊一聊工作的事，孩子也会了解父母工作的辛苦，可能就会因此而懂得节俭，并且还会为了回报父母而认真学习。

与此同时，父母也可以向孩子讲述一下自己的经历，比如自己曾经有过什么梦想，为了追求梦想付出过哪些努力，最终获得了哪些成就，等等。这些不但不会降低自己在孩子心中的威严，还会让孩子更加尊重你、信任你，以你为榜样。

2. 适当地向孩子示弱

在大多数孩子的眼中，父母都是强势的、能干的，对孩子说话也经常表现得很强势，如：

"这件事你做不了，别逞强了，放那里我来做！"

"都说了，你不行，为什么不听我的话？"

"我吃过的盐比你吃过的米都多，你听我的还能有错？"

"赶紧把你的房间收拾干净！"

……

父母这样做的初衷，也许是为了维护自己的权威，但经常用这样的方式与孩子说话，就会让孩子产生一种压抑感，久而久之，孩子也就不愿再跟父母交流了。

聪明的父母会懂得适当在孩子面前示弱，尤其当自己生病、感到劳累、心情不佳、工作不如意时，在孩子面前做个弱者，把自己的烦恼、问题等说给孩子听，比如：

“妈妈今天的头好疼哦，你能帮妈妈去买点药吗？”

“爸爸今天在工作中遇到了点麻烦，现在心情很糟糕。”

“妈妈今天被领导批评了，心情很不好，你能陪妈妈坐一会儿吗？”

……

这时，孩子就会理解，原来那么强大的爸爸妈妈也有自己的烦恼、有自己做不到的事，我不能再给爸爸妈妈添乱了。所以慢慢你就会发现，孩子变得比以前更在乎你的感受，也更懂事了。这表明，当你学会示弱，学会用平等的姿态与孩子沟通，不但不会让孩子认为父母很差、很弱，反而还能激发孩子的责任感和保护欲，促进孩子的心灵成长。

总而言之，要想与孩子之间实现良性沟通，你与孩子之间的沟通就一定是双向的。就像美国著名教育家斯托夫人提出的那样，应该让孩子了解父母的烦恼，这无论对孩子还是对父母来说，都是明智之举。

适当距离适量爱，才能与孩子相处融洽

生物学家曾经做过这样一个实验：在一个寒冷的冬天，把两只刺猬放到户外，刺猬感到很冷，就想靠在一起取暖。可刚一靠近，它们就被对方的刺刺痛了，于是只好分开。不一会儿，刺猬又冻得受不了了，再次向一起靠，结果又被刺痛了。反复几次后，两只刺猬终于找到了最适

合彼此的距离，这个距离既能让它们彼此取暖，又不会刺痛对方。这就是心理学上著名的刺猬法则。

不管是在朋友之间、夫妻之间，还是父母与孩子之间，如果彼此靠得太近，毫无距离感，就很容易引发矛盾；但距离太远，又会显得生疏。只有彼此间找到一个适当的相处距离，才会感觉舒服。

说到这，很多父母可能感到不解："我们不是应该爱孩子吗？爱孩子不是应该越近越好吗？怎么还要有距离呢？"所以，绝大多数父母与孩子之间都是"零距离"接触，对孩子的一举一动、一言一行倍加关注，总想着替孩子做好每一个决定，生怕照顾不好孩子，或者一不留心孩子学坏了。殊不知，父母给予的这一切，与孩子真正想要的并不在同一直线上，这也就导致越来越多的父母抱怨孩子"不懂感恩""不懂事"，而孩子却总是嫌弃父母"管太多"。

其实这种情况也不难理解，我们可以换位思考一下，如果有人每天时时刻刻都在关注你、关心你，完全不让你有自己独处的时间和空间，你会感觉舒适吗？你会因此就与对方关系更亲近吗？

北大教育家陈果曾经说过："任何人之间都要保持距离，距离才会产生美。靠得太近，我们就会看到彼此身上尖利的刺。两块石头被投入水中，靠得太近的话，水波都会互相干扰。"

这就提醒父母们，在家庭中与孩子相处时，一定要有适当的距离感，给予孩子的爱也要适量，不要把自己全部的爱和期待、意愿等都强加在孩子身上，对孩子提出各种各样的要求，并强迫孩子遵守和完成。孩子没有任何自由和自我时，不仅身心承受着巨大的压力，与父母的关系、彼此间的沟通等，也都很难融洽。

那么，父母该怎样构建与孩子之间的距离，才能让孩子既可以感受到父母的爱，又不会感到压抑、束缚呢？

1. 学会"藏"起一半爱，给予孩子一定的空间和时间

怎样才算"藏"起一半爱呢？就是我们明明对孩子的爱是十分，但只表达出五分，把另外五分"藏"起来。孩子从我们给予的五分爱中，就能感受到我们的关心、关注，而"藏"起来的五分爱，却可以让孩子学会独立，也更有自由感和空间感。

比如，当孩子不小心摔倒了，我们在确定孩子没有受伤后，就收回想要马上扶起孩子的手，然后对孩子说：

"宝贝，妈妈相信你可以自己站起来，加油哦！"

当孩子学习上遇到困难时，我们虽然很担心，甚至忍不住想告诉孩

子答案，但仍然要耐心坐下来，适当提醒孩子说：

“你试着找一找，这道题中的关键词是什么？”

“你打开课本，找找这道题要用到的公式是什么？”

当孩子在你的提示下解决了问题后，你再对他说：

“哇，我还没帮你，你就自己想到解决办法了，真棒！”

只有双方之间保持着这样适当的距离，孩子才会不断学习、不断成长，获得各种体验和进步，并且不会感到自己的自由被剥夺、空间被侵犯，也才会真正从心理上感受到父母对自己的爱和尊重。

2. 对于孩子的问题，应做到“非请勿帮，请了再帮”

很多时候，一旦孩子遇到了问题，父母马上就伸出手去帮助孩子。父母的做法虽然是出于爱，但却破坏了彼此间的距离，有时甚至会产生“出力不讨好”的结果。

所以，在孩子遇到了难题而没有主动请求我们帮忙时，即使我们很想帮忙，也要克制住这种冲动，不要主动去帮。如果你感到担心，可以跟孩子沟通一下，比如问问孩子：

“你需要爸爸为你做些什么吗？”

“妈妈现在也不知该怎么办，你对这个问题有什么想法？”

“你感觉现在最大的难题是什么？”

……

这种沟通方式，既向孩子表达了你的关注，又给予了孩子相对自由的空间，让孩子能够自己思考、自己决定。此时，不管孩子是否需要你帮忙，他的内心都获得了一个重要信息，那就是：“爸爸妈妈愿意给我提供帮助，愿意听我的想法，但爸爸妈妈更尊重我自己的想法和决定。”

这样的信息对于亲子关系的构建以及彼此间的良性沟通是非常重要的，尤其对于青春期孩子来说，父母这样做显然满足了他们被尊重、被信任的心理需求。这时，孩子再有什么想法、感受等，也会愿意说出来跟你分享，或者也会请你帮忙，和他一起解决问题。而在这个过程中，你与孩子之间既表现出了适当的距离，又让彼此间的关系变得融洽、和谐。

凡事多与孩子商量，让孩子自己做选择

在某电视节目中，曾经有这样一个话题：“如果你拥有一键定制的按钮，你想给孩子定制什么样的人生？”

有这样一个故事：

有一次，一个男孩妈妈到商场花了2000块钱给孩子买了一双鞋，她觉得这双鞋特别帅气。可当她兴冲冲地把这双鞋拿给孩子时，孩子却一脸嫌弃，认为这双鞋根本不好看，因为上面没有他喜欢的卡通图案。虽然带有卡通图案的鞋子可能几十元钱就能买到，但在父母看来，这几十元钱的鞋子怎么能跟2000元一双的鞋子比呢？

但是，孩子就是喜欢。

这就是父母与孩子之间沟通时存在代沟的一种表现。在父母看来，明明是很有价值的东西，但在孩子看来却可能一文不值；父母觉得有些事是为孩子好，但孩子却丝毫不领父母的情。可见，要想与孩子之间实现良性沟通，我们就不能只站在自己的角度考虑问题或为孩子做决定，而是要多与孩子商量，最终让孩子自己来做选择、做决定。

英国教育家斯宾塞曾说过，要少对孩子下命令，命令只有在其他方式不适用或失败时才用；也要少为孩子做决定，如何决定应该是孩子自己的事，而不是父母的事。“要像一个善良的立法者一样，不会因为去压迫别人而高兴，而会为用不着压迫而高兴。”

人与人之间沟通时，相互商量是非常重要且必要的，这会让彼此之间都感受到来自对方的尊重，而尊重是人类较高层次的精神需要。一旦这种需要不能获得满足，人就容易产生失望、沮丧等负面情绪。

孩子同样如此，也有希望被尊重的需要，而且随着年龄的增长，他们的兴趣、爱好、交友等各方面与父母都可能有分歧。这时，如果我们仍然按照自己的要求来阻止或干涉孩子的兴趣、爱好等，就可能引起孩子的反感，让彼此沟通变得不顺畅。但如果我们能以商量的态度与孩子沟通，取得孩子的同意和认可，孩子就会获得被尊重的感觉，遇到问题也更愿意与父母进行沟通。

所以，父母在与孩子沟通时，一定要尽量做到下面几点：

1. 孩子的事，一定要主动与孩子商量

随着孩子的成长，他们逐渐有了自己的想法，这时，一些与孩子有关的事情，我们就要放手让孩子自己做选择。即便我们想提建议，也要用商量的方式，把自己的想法传达给孩子，让孩子自己思考后做出选择。比如，我们可以这样对孩子说：

“你现在是不是该写作业了？写完作业再看电视吧！”

“妈妈想给你报个辅导班，辅导一下你的数学，因为我感觉你最近做数学题比较吃力，你觉得怎么样？”

“明天早晨，妈妈希望你自己设置闹铃起床，因为你是大孩子了，得自己学着独立起来，你觉得可以做到吗？”

……

当然，孩子的答案也可能不是我们期望的，比如他不想现在关掉电视去写作业，不想上辅导班，不想自己设闹铃起床，这时，我们该怎么做呢?

有些父母此时可能就会很生气，开始用自己的权威来“压”孩子、数落孩子：

“赶紧把电视关掉，去写作业！”

“不报怎么办？数学成绩越来越差，我还不是为你好？”

“你都这么大了，还天天让爸爸妈妈叫你起床，太不像话了！”

……

结果，双方的沟通再次陷入僵局。

实际上，我们应该随时记住，孩子是家庭中的重要成员，遇到问题应该主动征求孩子意见，如果孩子表示反对时，我们应该心平气和地给孩子解释，争取得到孩子的理解，而不是强迫孩子服从，甚至斥责孩子。但如果孩子仍然不同意，我们也尽量尊重孩子的决定，再通过其他方式与孩子沟通这些问题，以求达成共识或找到更好的解决途径。

2. 用协商的方式来处理与孩子之间的矛盾

当父母与孩子之间出现矛盾或冲突时，一些父母就开始恼怒于自己的权威受到挑战，于是试图用权威来压制孩子，让孩子服从于自己。但孩子不仅不会因此而听从父母的意见，还可能产生强烈的逆反心理，导致亲子间的关系恶化。

在这种情况下，聪明的父母不会用硬碰硬的方式来“镇压”孩子，而是学会运用协商的方式与孩子沟通，让孩子体会到父母对他的尊重，体验到彼此之间人格的平等。比如，父母会这样对孩子说：

“你是我们家庭中的一员，我们应该再耐心地讨论一下这件事，你觉得怎么样？”

"既然我们的观点不一致，那么我们就分别来分析一下，我们的观点为什么出现分歧，好吗？"

"你这样说也很有道理，那我再来说说我的观点，好吗？"

"这一点你说得很对，我支持。下面可以听听我的意见吗？"

……

当矛盾发生时，每个人都很在意自己的尊严，不希望自己被别人压制、说服，孩子同样如此。但如果我们能放下父母的权威，用协商的方式来讨论问题、处理矛盾，不管孩子的观点是对是错，都给予他表达的机会，孩子也会更愿意接受父母的建议，并努力与父母达成共识。

总之，遇到问题或出现矛盾时，能够多与孩子商量，而不是一味地命令孩子、斥责孩子，给予孩子一些可以自己做选择的机会，是父母应该具备的重要的爱的能力。这并不是对孩子的迁就，也不是对孩子的纵容，而是找到与孩子和谐相处、实现良性沟通的有效途径。

学会交换立场，用"利他思维"与孩子沟通

我们在与孩子沟通时，经常习惯性地使用"我希望……""你给我……""你要是听我的话……"等类似语句。这些语句大多数时候都是父母对孩子的命令、要求等，一味地希望孩子能够按照我们大人的想法和意愿来做事。可是，我们有没有想过，孩子真正需要的是什么？他们的真实想法是什么？

很显然，我们习惯于用成人的思维去思考问题，而孩子的思维却非常简单，思考得不全面，又加上生活经验少，所以难免会与父母的观点、想法等产生分歧。于是，一些矛盾就这样产生了。但如果我们学会交换立场，用一种“利他思维”来关注孩子所关注的东西，满足孩子的心理需求，你就会发现，你与孩子之间的沟通并没有那么难。

一位妈妈带着7岁的儿子在外面散步，忽然，儿子指着一辆刚刚从他们身边驶过的汽车，大声喊道：“妈妈你看，那是上海的车！”

妈妈顺着儿子手指的方向看了一眼，确实是一辆车牌以“沪C”开头的车，但就算不在上海，在其他城市看到上海的车也没什么奇怪的，于是妈妈就不以为然地说：“这有什么大惊小怪的，现在每个城市都能看到其他城市的车呀！”

妈妈刚说完，儿子脸上的兴奋劲儿一下就消失了。

案例中的妈妈，就是在用我们大多数人都会使用的成人思维来与孩子交流。实际上，孩子可能根本不懂得这个车牌的含义是什么，只是刚刚知道“沪”这个字代表上海，所以在马路上看到带有“沪”字的车牌时，才会惊喜地指给妈妈看。

如果这位妈妈换一个角度来与孩子交流，比如这样说：

“噢，你看到这个字，是想到上海这个城市了吗？”

“你竟然认识‘沪’字了？那你还知道其他简称代表哪个城市吗？”

这时，才是真正用“利他思维”在与孩子交流，孩子也会变得更加积极。如果妈妈再和孩子一起找一找其他车牌上的字，孩子的学习热情马上就会提上来。

其实我们可以想象一下，当一个 7 岁的孩子，能够凭借自己学到的知识认出“沪”字代表的是上海的车时，他内心是多么兴奋；但受到妈妈的漠视和打击后，他的内心又是多么失落。如果妈妈能够理解自己所说的意思，并愿意跟自己一起继续寻找其他车上的字时，孩子又是多么开心！

所以说，孩子有自己的思维世界，只是因为他们的认知能力有限，有时才会说出或做出让我们感觉大惊小怪的话或事。但如果我们能与孩子交换立场，用他的思维来看待问题的话，你会发现孩子根本没有那么多难以沟通的问题。

要学会与孩子交换立场思考问题，我们不妨在下面几方面多加注意：

1. 努力体会孩子当时的内心感受

有些时候，当孩子出现情绪问题时，比如受了委屈、遇到困难等，就会很难过，这时一些父母就会轻描淡写地对孩子说：

"多大点事啊，没关系的！"

"男子汉，坚强一些！"

"这没什么大不了的，你不用放在心上。"

"别哭了，下次做好就行了！"

……

你会发现，孩子不但没有因为你的"安慰"而真的好起来，反而更伤心、更难过了。

面对孩子的这些状况，我们首先要做的就是站在他的立场、用他的思维去思考问题，体会他当时的内心感受。很明显，孩子此时一定是难过的、伤心的、委屈的，那么我们就承认并接纳他的这些情绪，这样来对孩子说：

"你的朋友不理你，你很伤心对吗？"

"如果这件事发生在我身上，我也会像你一样难过，所以我很理解你。"

"你当时一定很尴尬，老师当着那么多人的面说你。"

……

这时，孩子就会从父母身上找到"共鸣"，情绪也会逐渐稳定下来。当孩子度过这个情绪期之后，我们再和孩子去分析、解决问题，也会变得更加容易。

2. 放下成年人的自我成见

我们都知道这样一个道理：站在不同的位置，就会看到不同的风景；处于不同的立场，也会产生不同的想法。

这个道理在我们与孩子身上同样适用。作为成年人，我们看待问题的角度和产生的观点肯定与认知能力不强、涉世未深的孩子不同，所以，当我们与孩子之间出现矛盾时，也不要用成年人的思维与成见来要求孩子，而是迅速转变角度，以孩子看世界的眼光和思维去看待彼此间的问题，这样才能有效地解决问题。

比如，孩子明明有很多玩具了，但看到一个自己没有的，就想买回来。但我们的想法往往是："你已经有那么多玩具了，不要再买了！"而孩子的想法却是："这个玩具好有趣，我没有玩过，我要买回去玩一玩。"你看，这就是彼此间矛盾的根源。

所以，如果你想真正地解决问题，实现与孩子间良性沟通，就要先了解孩子的真实想法，再从孩子的角度去考虑如何解决眼前的问题。这样，你才能赢得孩子的信任与合作，拉近与孩子间的距离，让他体会到被理解、被重视的感觉，继而再去纠正他的不当行为。

做好自我管理，为彼此沟通注入"强心剂"

曾经有一部经典的美国家庭教育喜剧，叫作《成长的烦恼》。

这部剧的主人公是杰森夫妇和他们的三个孩子：女儿卡萝尔、大儿子迈克和小儿子本。在这个家庭中，杰森夫妇从来不向孩子们摆家长架

子，对待三个孩子一直都很友好、尊重。虽然难免有烦恼和各种意外，但一家人仍然其乐融融，非常快乐。

卡萝尔是个聪明好学的小姑娘，父母都以她为骄傲。当卡萝尔表示自己想要跳级升学时，杰森夫妇既没有盲目地高兴，也没有用大人的“经验”来指导她，而是非常认真地坐下来跟女儿讨论，再引导女儿自己做出正确的选择。

迈克是个顽皮的小家伙，经常惹是生非，做出一些让人意想不到的事情，让杰森夫妇很头疼。但是，他们仍然不会斥责、批评甚至打骂迈克，而是坚持给迈克机会，鼓励他自己做决定。

本的年龄最小，也是个小机灵鬼，经常产生一些稀奇古怪的想法，但杰森夫妇给予他的仍然是和谐友好的态度，平静地与他沟通问题，鼓励他要独立去做事。

英国教育家斯宾塞曾说："沟通不是在任何人之间都能实现的，父母只有放下架子，才能实现最成功的沟通。"

实际上，很多父母与孩子之间的关系"势如水火"，沟通不畅，这完全是由父母自己造成的。因为父母在与孩子沟通时，喜欢凌驾于孩子之上，只希望孩子能听自己的话。自己说对了，孩子要听；自己说错了，孩子还要听。孩子很小的时候，缺乏主见和认知能力，可能会听从父母的"指挥"；但随着他们慢慢长大，自我意识和认知能力增强，你再用这样的态度与孩子沟通，孩子就会渐渐不服气了。

由此也可以看出，想要与孩子构建良好的关系，实现良性沟通，父母就一定要改变自己的态度，管理好自己的情绪，远离下命令、提要求，甚至批评、指责等沟通方式，带着理解、尊重、信任以及善于共情的态度，去与孩子真诚、耐心地沟通。哪怕孩子确实犯了错，也不要直接用斥责甚至打骂的方式来"教训"孩子，而是先听听孩子的解释，找到孩子犯错的原因，打开孩子的心结。你只有先弄清问题出现的根源，才能找到解决问题的根本方法，而不是只看问题表面就粗暴地下结论。只有这样，才能有的放矢地引导孩子朝着更好的方向发展。

1. 态度对了，沟通就顺畅了

"你这是什么态度？"

当别人对你说话的态度不好时，你是否也会这样责问对方？然而作为父母，我们在与孩子沟通时，是否也问过自己同样的问题呢？

相信很多父母都没有反思过这个问题，相反，却经常对着孩子这样说：

“你这应该是跟爸爸妈妈说话的态度吗？”

“你怎么能这样跟我说话？”

“你这是跟谁学的，跟父母说话这么没礼貌？”

……

殊不知，孩子跟你说话的态度，可能就是因为你曾经那样与他说话。孩子的模仿能力极强，尤其受父母影响最为直接，如果父母经常与孩子这样对话，那么孩子就会把这种对话“返还”给父母。所以现在，你知道孩子这样说话的问题根源了吧？

要避免这种情况发生，我们就要在日常与孩子相处时调整好自己的态度。如果你能保持温和、宽容、诚恳、幽默而平等的态度与孩子说话，孩子就会获得心理上的安全感和宽慰感，紧张的神经也会渐渐松弛。而当孩子的情绪稳定后，他们与父母说话时也会变得平静、温和，对父母提出的建议也更愿意接受。

2. 与其命令孩子，不如积极地暗示孩子

著名教育家陈鹤琴在其著作《家庭教育》一书中，讲述了发生在自己与孩子之间的一件事：

一天，陈鹤琴的儿子拿着一块破烂的棉絮裹在身上玩。陈鹤琴看到那块棉絮很脏，就想让儿子丢掉。可他刚要开口，忽然想到，自己该命令孩子马上丢掉，还是直接把棉絮夺走，或者用其他东西代替一下呢？

考虑了片刻，陈鹤琴就对儿子说：“我发现这个很脏的、有味道啦，我想你一定不喜欢，你平时都很喜欢干净的，去拿一块干净的玩好

不好？”

孩子听了，立刻把身上的破棉絮丢掉，高高兴兴地去找干净的了。

之后，陈鹤琴就这件事还总结了一段话：“无论什么人，受到激励而改过，是很容易的；受到责骂而改过，比较不容易。小孩子尤其喜欢听好话，不喜欢听恶言。大多数做父母的，看到小孩子玩很脏的东西，就自然而然地去把东西夺过来，还会骂他，甚至还要打他。其结果是，小孩子改过的少，而怨恨父母的多；即使不怨恨父母，至少也不一定喜欢父母了。”

可见在很多情况下，我们用粗暴的命令、指责去跟孩子说话，孩子即使当时听话了，也很容易形成与父母间的对立；相反，用一种积极的暗示去与孩子沟通，说孩子喜欢听、爱听的话，孩子反而会主动纠正自己的错误。

3. 重视言传身教，做好孩子的榜样

家庭是孩子人生的第一课堂，孩子在这里生活、成长，习惯、性格、是非观念等也都在这里养成。所以，父母的言行举止、为人处世的原则等，也将会影响孩子的一生。

俗话说：“喊破嗓子，不如做出样子。”在家庭当中，父母怎么说、怎么做，都会直接成为孩子效仿的榜样。同时，父母用什么样的语气与孩子说话、沟通，孩子就会用什么样的语气来回答父母。如果你平时习惯用刻薄、粗暴的方式与孩子说话，孩子也会变得刻薄、粗暴；相反，如果你为人处世和风细雨、礼貌有加，那么孩子也会像你一样，与人交往、沟通时慢声慢语、彬彬有礼。

所以人们常说，你希望别人怎样对待你，你就怎样对待别人。在家

庭教育上，这句话同样适用，你希望孩子成为什么样的人，你就努力做一个什么样的人。只有父母能够身体力行地为孩子做榜样，抛弃暴力的沟通方式，用孩子喜欢、接纳的方式与其沟通，这种无穷的力量才会更好地滋养孩子，引领着孩子朝着你期待的方向成长。这要比你用苍白的说教、粗暴的指责、大声的命令的方式来教育孩子的效果好出千百倍。